U0682387

文化名片丛书

德海　　本卷主编　卢桂平

州瘦西湖文化

南京大学出版社

图书在版编目(CIP)数据

扬州瘦西湖文化 / 卢桂平主编. —南京:南京大学出版社,2015.12

(江苏地方文化名片丛书/刘德海主编)

ISBN 978 - 7 - 305 - 13773 - 0

Ⅰ.①扬… Ⅱ.①卢… Ⅲ.①风景区—介绍—扬州市 Ⅳ.①K928.705.33

中国版本图书馆 CIP 数据核字(2015)第 309603 号

出版发行	南京大学出版社
社 址	南京市汉口路 22 号 邮 编 210093
出 版 人	金鑫荣
丛 书 名	江苏地方文化名片丛书
丛书主编	刘德海
书 名	**扬州瘦西湖文化**
主 编	卢桂平
责任编辑	荣卫红 编辑热线 025 - 83593963
照 排	南京紫藤制版印务中心
印 刷	盐城市华光印刷厂
开 本	787×960 1/16 印张 13 字数 193 千
版 次	2015 年 12 月第 1 版 2015 年 12 月第 1 次印刷
ISBN	978 - 7 - 305 - 13773 - 0
定 价	28.00 元

网址:http://www.njupco.com

官方微博:http://weibo.com/njupco

官方微信号:njupress

销售咨询热线:(025)83594756

＊ 版权所有,侵权必究

＊ 凡购买南大版图书,如有印装质量问题,请与所购图书销售部门联系调换

《江苏地方文化名片丛书》
编辑委员会

主　　任　王燕文

副 主 任　双传学　刘德海　汪兴国　徐之顺

委　　员　（按姓氏笔画排序）

　　　　　王国中　卢佩民　卢桂平　冯其谱

　　　　　李　扬　陈红红　陈　涛　赵正兰

　　　　　徐　宁　徐　缨　曹当凌　崔建军

　　　　　章树山　蔡丽新　滕　雯

主　　编　刘德海

副 主 编　汪兴国　徐之顺

执行主编　崔建军

《江苏地方文化名片丛书》

扬州瘦西湖文化

主　　编　卢桂平

副 主 编　赵昌智　徐向民　张福堂

编写人员　赵昌智　朱福烓　曹　田

　　　　　曹永森　黄继林　赵　阳

静香书屋

瘦西湖

熙春台

栖灵圣境

/总　序

赓续江苏人文精神之脉

王燕文

文化自觉支撑国家民族的兴盛，文化自信激发社会进步的活力。习近平总书记深刻指出，中华优秀传统文化是中华民族的精神命脉，是涵养社会主义核心价值观的重要源泉，也是我们在世界文化激荡中站稳脚跟的坚实根基。高度重视文化建设，大力弘扬优秀传统文化，是历史和时代赋予的责任担当。

一方水土养育一方人。江苏地处中国东部美丽富饶的长江三角洲，山水秀美，人杰地灵，文教昌明，有着六千多年有文字记载的文明史。在漫长的历史演进中，这片文化沃土不仅产生了众多的闪耀星空的名家巨匠和流芳千古的鸿篇巨制，而且孕育了江苏南北结合、兼容并蓄、博采众长、和谐共融的多元文化生态，形成了吴文化、金陵文化、维扬文化、楚汉文化和苏东海洋文化五大特色区域文化。绁绎这一颗颗文化明珠，光彩夺目，各具特质：以苏、锡、常为中心区域的吴文化，聪颖灵慧，细腻柔和，饱蘸着创新意识；以南京为中心区域的金陵文化，南北贯通，包容开放，充盈着进取意识；以扬州为中心区域的维扬文化，清新优雅，睿智俊秀，体现着精致之美；以徐州为中心区域的楚汉文化，气势恢宏，尚武崇文，彰显着阳刚之美；以南通、盐城、连云港为中心区域的苏东海洋文化，胸襟宽广，豪迈勇毅，富有开拓精神。可以说，不同地域文化在江苏大地交融交汇，相互激荡，共筑起江苏厚德向善、勇于进取、敏于创新的人文精神底蕴。

多元文化，共生一地；千年文脉，系于一心。地方文化是区域发展的文化

"身份证",更是整个中华民族的文化基因,展现了我们优秀传统文化生生不息的创造力。在构筑思想文化建设高地和道德风尚建设高地的新征程上,我们要以科学的态度对待传统文化,坚持古为今用、推陈出新,有鉴别地加以对待,有扬弃地予以继承,进行创造性转化、创新性发展,将其中积极的、进步的、精华的元素予以诠释、转化和改铸,赋予其新的时代内涵。只有以文化人、以文励志,力塑人文精神,标高价值追求,提升文明素养,才能涵育出地域发展令人称羡和向往的独特气质。只有以敬畏历史、服膺文化之心,精心保护地方文化遗产,充分挖掘地方文化资源,切实加强地方文化研究,才能传承赓续好人文精神之脉,增强人们对家国本土的文化认同、文化皈依,与时俱进地释放出应有的价值引导力、文化凝聚力和精神推动力。

令人欣慰的是,省社科联和各市社科联以强烈的责任感使命感,组织省内有关专家学者协同编撰了 13 卷《江苏地方文化名片》丛书。丛书按 13 个省辖市的行政区划,一地一卷,提纲挈领,博观约取,独出机杼,既总体上为每个市打造一张具有典型性、代表性的文化名片,又个性化呈示各市文化最具特色的亮点;既综合运用历史学、社会学、经济学和文化学等多学科视角,对富有地方特色的文化资源进行了系统梳理、深度挖掘和科学凝练,又以古鉴今,古为今用,面向未来,做到历史与现实、理论与实践的交集,融学术性与普及性为一体,深入浅出,兼具思想性与可读性。丛书的推出,有裨于读者陶冶心灵,体味地方文化历久弥新的价值,也将对江苏传统文化的传承与研究起到积极示范作用。

不忘本来,开辟未来。植根文化厚土,汲取文化滋养,提升人文精神,促进人的全面发展和人的现代化,这是江苏文化建设迈上新台阶、实现"三强两高"目标的责任所在。我们要进一步加大力度推动江苏优秀传统文化、地方文化在保护中传承,在传承中转化,在转化中创新,让丰沛的江苏历史文化资源留下来、活起来、响起来,着力打造更多走向全国乃至国际的江苏文化名片,为"强富美高"新江苏建设提供生动的文化诠释和有力的文化支撑!

(作者为中共江苏省委常委、宣传部部长)

目录

第一章　概述

瘦西湖，通常指瘦西湖风景名胜区，亦即李斗《扬州画舫录》等地方文献所称的北郊、湖上。

瘦西湖位于清代扬州老城的北郊，北至蜀冈，东南至天宁寺御马头，西至扬子江路。区域范围近 127 公顷，其中核心区面积 73 公顷。

瘦西湖主体为一狭长的水体，长约 4.5 公里，从天宁寺山门外的御马头起，水流向西、向北，再向西、向北，曲曲折折绵延至蜀冈平山堂脚下。水道窄处仅 13 米，最宽处也仅 116 米，整个水域面积约 50 公顷，从空中俯视呈"W"形。瘦西湖水源最初主要来自西北蜀冈、金匮、甘泉诸山水，水道多为历代扬州城的护城河。随着城池的变迁，官府、寺庙、巨商富贾，依山傍水，建园置景，渐成气候，特别是乾隆年间的大规模造园，从而形成了别具特色的"两堤花柳全依水，一路楼台直到山"的湖上风光。

据清初顾祖禹《读史方舆纪要》卷二十三，瘦西湖古称保扬河；李斗《扬州画舫录》卷十三称炮山河，又名保障河、保障湖。至于瘦西湖的得名，习惯的说法，是源于乾隆时寓扬的杭州诗人汪沆的《红桥秋禊词》，诗云："垂杨不断接残芜，雁齿红桥俨画图。也是销金一锅子，故应唤作瘦西湖。"实际上，清初吴绮《扬州鼓吹词》"小金山"条就提到了"瘦西湖"："城北一水通平山堂，名瘦西湖,本名保障湖,其东南有小金山焉,在城北约二三里。"可见至少在清初就有瘦西湖之名。奇怪的是况周颐在《选巷丛谈》一书中谈到,每次游虹桥,直到读甘泉辛汉清《小游船诗自序》略云"扬州虹桥迤北为长春湖,或曰瘦西湖","始知瘦西湖名"。况周颐,字夔笙,一字揆孙,广西桂林人,晚清四大词家之一。光绪二十四年(1898年)前后来扬,寓居琼花观街和旧城小牛录巷,寻访碑版古迹,采撷掌故遗闻,汇为一编,因所居邻近文选巷,又推崇阮元,故名《选巷丛谈》。这说明,在扬州相当长的时间内,瘦西湖之名并不响,其名真正红火当在晚清民国年间,所以,李斗《扬州画舫录》里面都称湖上。

中国的园林景观往往具有深刻的文化背景和学术渊源,具有明显的时代特征和区域特色。瘦西湖作为贯穿于扬州建城史和成熟于封建社会巅峰时期的杰出园林,具有不可估量的文化价值。这种价值不可能即时地反映出来,只能随着时间的推移逐步显现,如同凡·高在创作《加歌医生像》时所说,"人们也许会长久地凝视它们,甚至一百年后带着偈念追忆它们。"

把瘦西湖景观放在历史进程中和社会背景下考察,就会发现其具有重大的历史价值、美学价值、精神价值和产业价值。

图 1-1 二十四桥景区

一、瘦西湖文化的历史价值

主要表现在三个方面:

一是瘦西湖保留了大量的社会文化信息,园林的兴衰见证了城市的兴衰,勾勒出了扬州发展的历史脉络。在扬州城市发展的 2500 年中,扬州城池发生了位移——春秋、两汉时期,城池在蜀冈、堡城一带,明清时期城池已推到保障河以南。城池发生了变化——唐代,"霞映两重城",有子城和罗城之设;宋代有堡城、大城、夹城之分;明清则有新城、旧城之别。功能产生了转换——大体而言,唐以前主要表现为政治军事功能,唐宋以后直至明清主要表现为经济文化功能。当然,也不是绝对的,如南宋迁都临安后,扬州实际上是前沿阵地;宋末、明末这里都曾发生过激烈战斗;太平天国建都南京,这里又成了军事拉锯的地方。城市地位也有较大起伏——汉代为王侯封地,隋有陪都之义,至唐则有"扬一盖二"之称,宋元皆为道台治所,清代康熙乾隆时期成为全国经济文化中心,近代以后边缘化,民国年间为县城建置。落差之大,令人慨叹。

扬州城市发展的历史踪迹,不仅反映在卷帙浩繁的国史、方志中,也存留在瘦西湖的实物遗存、地下发掘,以及文人雅士留下的大量诗文中。古人有"六经皆史"的说法,杜甫的诗歌有史诗之称,《洛阳名园记》亦看作洛阳兴衰史,那么,我们也不妨说,瘦西湖是扬州的一部厚重的图说史书。

二是通过对瘦西湖诸多社会文化要素的历史全链接,或是选取其中的断面、切片作深刻的剖析,可以形象地还原帝王、官吏、士夫、商人、市民、僧道的活动场景,透视出复杂的社会关系,为社会提供历史镜鉴。如,春秋时期的吴王夫差与汉代的吴王刘濞,二人在扬州人心目中的地位颇为特殊。论其功绩,对扬州发展自不在小,其结局都不好,而扬州人却为之立庙祭祀,从中可以看出扬州人的价值评判标准。常言说"春秋无义战",诸王争帝位,是皇家的事,但谁对老百姓做了有益的事,则不能忘。隋炀帝死后,凡来扬州寻访遗踪的,均有兴亡之感。《扬州历史诗词》中所选诗词涉及隋的占相当比重,有叹息的:"君王忍把平陈业,只换雷塘数亩田"(罗隐《炀帝陵》),有不平的:"若无水殿龙舟者,共禹论功不较多"(皮日休《汴河怀古》),更多的是借他人之杯盏,浇心中之块垒。借古讽今,时局得失议不得,骂骂隋炀帝这只死老虎总还是可以的。

瘦西湖每一次复建景点,大概都能折射出康熙乾隆时期皇帝、官吏、文人、盐商之间惟妙惟肖的关系。皇帝,特别是乾隆,明知南巡要花费大量银两,却是数次下旨,申明节俭。盐官、盐商殚精竭虑地把皇上接待好了,一一封官行赏,待到发现(其实早就心知肚明)盐课空缺,则严加查办。乾隆三十三年两淮盐政提引征银案,原两淮盐运使卢见曾,两淮盐政高恒、普福均先后伏法,江春等盐商亦被逮捕法办。扬州的奢靡之风,皇上是最大的推手,却又摆出悲天悯人的爱民架势:"还淳拟欲申明禁,虑碍翻殃谋食群。"(弘历《天宁寺行馆即景杂咏》)盐商在扬州的历史上始终扮演一个尴尬的角色,他们表面上风光,接驾、封官、行赏,而在一些官吏、文士心目中却不值一钱。李斗《扬州画舫录》卷十曾记载一条材料:卢见曾虹桥修禊的和韵者号称七千人,但"虹桥之会,凡业鹾者不得与,唯对琴与之",这就是身份歧视。汪对琴即汪棣,为国子博士,官至刑部员外郎。他被视为特例与会,因而分外荣耀。

图 1-2 双峰云栈

有时盐商又玩盐官于股掌之间。阮文藻《端绮集》卷二十六《尊甫个园公家传》中提到一件事,时都转曾燠与盐政不和,互相攻讦,黄至筠居中调停,表面上黄至筠两面受气,两面在赔小心,实际上一切都在黄至筠的掌控之中,包括过程和结果。乾隆时有个著名文人金兆燕,号棕亭,别号芜城外史,在扬州入运使幕十年,做教授十二年,此前也曾多次居留扬州,晚年"不作扬州官,仍作扬州客",寄寓江春宅第七八年。按理说,凭金兆燕的人脉资源和才学声望,加上江春在商界、士林的名声,应该是宾主契合,如鱼得水。明光《金兆燕与两淮盐官、盐商关系述论》详加考察,认为事实并不然,《棕亭诗钞》即透露出了些许信息："强移栖息仍漂梗,何日吾庐永息肩"——住所搬来搬去;"投赠谁解南舍双,鹭身止索王羊皮"——馈仪甚薄;"犹忆薄宦复归田,悔不小人止怀土"——后悔辞官寓扬,依人自辱。

三是瘦西湖景观层累形成的记忆,生动诠释了战争与和平的主题,具有超越时空的普世价值,为人类化干戈为玉帛提供了历史样本。瘦西湖这一狭长水体的前身,原本是历代城濠的不同段落,是冷兵器时代城市防御体系的基本设施。扬州历来为军事重镇,兵家必争之地。试据《嘉庆重修扬州府志》卷二十二《兵志》一,举几位古代著名的军事地理学专家的话。顾祖禹说:"扬州根柢淮东,控御南北,自昔为东南都会。汉吴王濞称兵于此,天下几为动摇。孙权不得广陵,虽数争淮南,而终以长江为限。东晋以后皆建为重镇。梁末没于高齐,烽火照于建业。隋人命贺若弼镇广陵,陈祚不可复保。李子通窃取江都,亦复南据京口,保有数郡。唐时淮南重镇,莫若扬州。及高骈拥节自雄,犹能外御巢、温之毒。及祸成吕、毕,扬行密收取余烬,亦能并孙儒,却朱温,缮兵积粟,保固江淮。沿及南唐,尚为强国。迨周世宗克扬州,江南于是及蹙矣。宋室南迁,以扬州枕臂江淮,倚为襟要。金人至扬州,韩世忠一败之于江中,再败之于大仪。刘锜又败之于瓜洲、皂角林。于时阻淮为守,自广陵而抵淮阴,为全淮左臂,京口、秣陵均资捍蔽。"赵范曰:"扬州者,国之北门,一以统淮,一以蔽江,一以守运河,皆不可无备。"王应麟说:"扬州俯江湄,瞰京口,南摄钜海之浒,北压长淮之流,必扬州备而后淮东可守。"真德秀说:"淮扬合肥,两淮之根本。盖淮东控扼有六,一曰海陵,二曰滁口,三曰盐城,四曰宝应,五曰清口,六曰盱眙,而皆以扬州为根本。及宋运已移,李庭芝竭蹙于此,元人且畏其锋。明初既定金陵,即北收扬州,不特唇齿攸寄,亦以包并淮南。都燕之后,转输特重,扬州之为咽喉,故防维常切。中间更历倭患,而扬州益为扼要之所。及至末造,偷息江沱,犹令大学士史可法出镇扬州。当时策士曾劝其由此经驻彭城,将见古河以南,长淮以北,如且翕然效命。历观前事,则扬州之形势重矣。"

正因为扬州位置重要,兵家争夺厉害,无论胜负都使扬州城濠留下深刻的历史记忆。王鑫培在《一座世界名城的文明与文化》中说:"城破之后原先高耸的城墙或许已经难寻旧迹,但城濠却以绕城水体的形式留存下来,并很自然地成为后人借以凭吊古迹、寄托追思的载体。而这样一种载体的功能,无疑成为一种景观的内在动因。"《芜城赋》作者鲍照见到的虽是"通池既已夷,峻隅又颓",但他还是想象当年"藻扃黼帐,歌堂舞阁之基;璇渊碧树,弋林钓渚之馆;吴蔡齐秦之声,鱼龙爵马之玩"的盛景。姜夔过扬州,"入其城则四顾萧条,寒水自碧,暮色渐起,戍角悲吟",毕竟"二十四桥仍在",他仿佛听到废池乔木、碧水冷月的无言诉说,"犹厌言兵"。南朝宋文帝时期,徐湛之任南兖州刺史,修建园林,即是在战后恢复时期重建家园的一个缩影。明代戏剧家汤显祖《牡丹亭》第三十一出《缮备》就是借嘉靖扬州筑新城来说事儿的:"边海一边江,隔不断胡尘涨。维扬新筑两城墙,酾酒临江上。三千客两行,百二关重壮。维扬风景世无双,直上城楼望。"

联合国大厦的门前有个雕塑,把一支枪管弯过来打了个结,意味着要消灭战争,给人留下的影响极其深刻。两次世界大战给人类带来的灾难太深重了,应该诅咒战争。扬州的瘦西湖景观是在战争的废墟上建设起来的,并且屡毁屡建,累积而成,更加具有震撼力,显示了中华民族热爱和平、不惧怕战争的民族精神,是真正具有普世价值的杰作。

二、瘦西湖文化的美学价值

人们不仅会发现美,而且会创造美。所谓园林艺术,就是人们在园林建造过程中将他们所理解、所认识、所追求的美融入丘山、湖池、林木、桥亭、楼阁之中,给自身及游人以新的感觉与美的享受。

瘦西湖之美,在于其以水为纽带,亭台楼阁错落有致的空间之美;在于其以绿为主调,各种园林要素精致搭配的色彩之美;在于其以诗为底蕴,张弛有度意趣盎然的节律之美,而其核心则是"天人合一"的和谐之美。

"天人合一"是中国古代的重要思想,强调处理好人与大自然的关系,尊重自然,保护自然,从而享受大自然的丰厚赐予。

儒家如此。《周易》曰:"夫大人者,与天地合其德,与日月合其明,与四时合其序，与鬼神合其吉凶。先天而天弗违，后天而奉天时。"（《周易·乾文言》）孔子曰："致中和，天地位焉，万物育焉。"（《中庸·天命》）"能尽人之性，则能尽物之性；能尽物之性，则可以赞天地之化育；可以赞天地之化育，则可以与天地参矣。"（《中庸·尽性》）

道家也是如此。老子曰："人法地，地法天，天法道，道法自然。"（《老子》第二十五章）强调人的活动要尊重自然规律。庄子曰："天地有大美而不言，四时有明法而不议，万物有成理而不说。圣人者，原天地之美而达万物之理，是故至人无为，大圣不作，观于天地之谓也。"（《庄子·知北游》）

我们不妨以花草树木的配置为例，来看看瘦西湖的景观是如何体现"天人合一"这个思想的。

凡游瘦西湖者都有个深刻的印象，花木蓊郁，且适时、适地、适性。适时，一年四季，节候分明，从花木上就能体现出来。极少用人工方法集四时花木于一时。适地，绝大多数植物为本地品种。近年来也有少量不属于扬州传统园林的植物品种，如棕榈树、雪松、日本柳杉、八角金盘、三色堇、一串红、彩叶甘蓝、进口草坪等，这虽不合调，但也反映了开放条件下园林之一斑。适性，花草树木适合园主人的建园宗旨，适合游园者的审美意趣。

图1-3　春到春波桥

瘦西湖景区不仅重视植物配置，而且十分重视植物保护。据扬州市人民政府申报中国世界文化遗产预备名单《扬州瘦西湖及盐商园林景观》申报文本，瘦西湖景区作为申报世界文化遗产提名地，现有绿地树木78科163属319种，用作花坛花卉、地被植物的草本观赏植物有100余种，用于垂直绿化的藤本植物有 20 余种,水生植物有 10 多种。其中古树名木 116 棵,最高树龄 500 年,大都长势良好。主要传统花卉有琼花、芍药、碧桃、春梅、蜡梅、紫薇、白玉兰、广玉兰、桂花、垂丝海棠、贴梗海棠、木绣球、樱花、丁香、栀子花、石榴、迎春、牡丹、月季、紫藤、木香、凌霄、金银花、木芙蓉、茶花、杜鹃。传统树种主要有柳、桑、槐、榆、香椿、枫杨、楝树、朴树等。它们生长旺盛,与亭台楼阁、山石水池相互映衬,共同营造出优美的视觉景观。

三、瘦西湖文化的精神价值

瘦西湖因其生成的历史背景,发展过程中诸多因素的交互作用,在扬州社会经济生活中的特殊地位,必然对扬州城市品格的形成,扬州人文精神的塑造产生深刻的影响。

纵览扬州历史,其人文精神主要体现在:大气、文气、骨气。这与瘦西湖的生成、发展也有着千丝万缕的联系。

一是大气。扬州的大气表现为兼容、包容、宽容。扬州有着特殊的地理位置——江淮之间、长江与运河交汇处。从邗沟开通之日起,扬州便成了南北交汇的门户;隋运河的开凿,扬州更成交通枢纽;唐代,扬州不仅是国内而且是国际通商港口。交通发达,必然带来人口流动。中国历史上有三次人口南迁,第一次晋永嘉之乱,延续到南北朝,前后二百余年,中原先民分西从秦雍、中从鲁豫、东从青徐三路流入。东路之青徐流入,即沿淮河到扬州或再过江去苏南、浙江一带。第二次唐天宝年间的安史之乱,断断续续到五代。第三次,宋靖康之难,宋都南迁。三次大移民,扬州都是必经之地或落脚之地。加上扬州向为兵家必争之地,饱受战争之灾,硝烟未息,人口剧减;尔后重建家园,人口又骤增。所以,这是一个典型的移民城市。美国学者施坚雅研究,明清之际,扬州本地人与外籍人比例为 1:20。在这里,虽然各地方来的人不同程度地保留了原籍的生活习俗,设有会馆,但没有按籍贯抱团、与外籍对立的现象,而是相互融合在一起,进而形成新的具有浓郁扬州色彩的习俗。

说到扬州人的包容,如扬州的漆器、玉器、"三把刀"等,包容性极强,是一种开放式的技艺。在其形成和发展过程中,多方面吸取外地同类技艺的因素,像大海一样容纳百川,在不断丰富技艺内涵的同时,始终保持了自身的文化品格;它们还以各种各样的方式向外传输,扩大自己的辐射力和影响力,在同异地文化的交流和碰撞中进一步强化了自己,使自身的特色得到确认和凸现。

再一点是扬州人的宽容。夫差和刘濞,人们因其对扬州城市的发展有功,立庙祭祀。对隋炀帝既不以其功抵过,也不因其过掩功,照样修陵立碑。在封建社会,"文人相轻"几成通病,而在扬州八怪和扬州学派身上却很少看到这种陋习。扬州八怪中诸位画家,籍贯不同,经历不同,画风各异,但相互之间保持着亲密的友谊,他们或共桌挥毫,切磋画艺;或相互唱和,诗以言志;或彼此接济,相濡以沫。金农与罗聘有师生之谊,郑燮与李鱓是桑梓之交,汪士慎与杨法亲如兄弟,边寿民与陈撰一见如故,等等,他们之间完全是一种君子之交、道义之交。

二是文气。扬州学者薛寿(1812—1872)在《读画舫录后》中云:"吾乡素称沃壤,国朝以来,翠华六幸,江淮繁富为天下冠,士有负宏才硕学者,不远千里百里,往来于其间,巨商大族,每以宾客争至为宠荣,兼有师儒之爱才,提倡风雅,以故人文汇萃,甲于他郡。"正是在这样一个经济、政治、社会的基础上,形成了扬州浓厚的文化气息。

图 1-4 栖灵塔下瘦西湖

　　首先是环境氛围，给人以文风和畅的感觉。有研究者认为，《红楼梦》中关于大观园的描写，即源于扬州瘦西湖上的景观。对于那种坐实某景即《红楼梦》中某处的说法不敢恭维，但瘦西湖上风光对曹雪芹之写作曾有借鉴和启示，还是可能的。毕竟这里是清代最繁华的地方，是其祖父成就过一番事业的地方，能不心向往之。梁章钜《楹联丛话》说，扬州各胜迹楹联，多集晋宋及唐人诗句。他在书中仅择其信者录之，就达一百五六十副之多，可见其心倾。城内的居家、店铺、厅堂、楼阁也喜用对联，故有人形容，一进扬州，即感觉文风扑面。这是直观感觉，是第一印象，非常重要。

　　据考，有清一代扬州府进士 348 名，其中一甲 11 名，除了苏州府，较之别郡还是比较多的。不过我们发现，同时是读书风气浓郁，吴人把读书当作求取功名的敲门砖，所以进士多、状元多；越人把读书当作谋生手段，功名未就便去做幕僚、当师爷；而扬州人则把读书当作生活方式、生存方式，以读书为乐，汪中、焦循都是代表人物。今日之扬州，普通市民中，喜爱读书、藏书、著书，爱好琴棋书画者不计其数，日常组织千人围棋大赛、千人古筝会奏、千人少儿书画表演，绝非难事。著名文化学者曹世潮先生在《扬州文化的个性及其对世界的意义》中说，"公元 2000 年以往的时代是一个身时代，而此后的时代是一个心时代。""身时代的成功是干出来的，心时代的成功是玩出来的。"他把世界上的生活方式分为三种：第一种以伦敦为代表，从工作方式转移过来的；第二种以新德里为代表，从宗教上转移过来的；第三种以扬州为代表，"这种生活方式，关注的就是生活本身，工作是为了生活，生活是为了生命、为了生命的质量"。"扬州历经了 2500 年的积累，无论是生活的、休闲的、娱乐的，还是衣、食、住、行、琴、棋、书、画、花、鸟、虫、草，都被充分地展开，都是细致入微的、精致见性的。生活在这里才叫生活。"他还指出，"在一个心时代，扬州的文化具有后现代意义，可以为世界、为人类的情感、为人性生活开出一条大道。"这种生活方式，实际上就是在瘦西湖等这样的环境中培育起来的。

　　再深一层剖析，还会发现，在扬州的文化环境中，雅与俗和谐共生，雅俗是打通了的。长期以来，雅与俗是人们用以评价文学艺术作品包括园林艺术的一把尺子，甚至用以评价人品。客观地，雅俗并无绝对分野，互相可以转换,而对不同的人来说,却又有不同乃至完全相反的看法。个园四季假山是一例,园主人的意图以及园记透露出来的信息,就是"壶天自春"四个字,四季假山应是游人的再创造,但得到普遍的认可。小金山西侧有一棵老树遭雷劈而枯死,不知何时忽有一枝清香长出,春日,青藤缭绕,繁花似锦,于是有人名之曰"枯木逢春"。当年刘禹锡游扬州,席间有"病树前头万木春"句,新中国成立后有部电影即名《枯木逢春》,故此名迅速传播,遂成一景。这里给人们的启示,就是做好雅与俗的转化。太雅,阳春白雪,曲高和寡;太俗,粗鄙不堪,倒人胃口。对雅的意境要运用相对通俗的方式表达,使大多数人懂得、接受;对俗的事象,要运用高超的艺术进行描述、概括、表现,使之升华到一定的层次,给人以美的享受。

扬州在学术、艺术、技术等方面,都注重打开"雅"与"俗"的通道,使殿堂文化转化为大众文化。这一方面有利于雅文化的传播,扩大了雅文化的受众面;另一方面也是吸收了俗文化的鲜活养分,为雅文化注入了生机、活力。久之,全社会的文化层次和文明程度都得到了提升,故而全城文气洋溢。如活跃于酒楼、茶社的扬州评话,乾隆时扬州府学教授金兆燕有句评价:"贤者如读书,不好读书而好听书,耳治与目治一也。"这几乎成为扬州评话艺人的座右铭,他们把说书与教书、著书同样看作教之以礼、导之以矩的高台教化大业。所以扬州评话艺人讲尽人情世故而不讲"春"话、"辣"话,激浊扬清而不犯大忌。过去别处有将说书人当作"下九流"的,而扬州对说书人一概尊之为"先生"。"艺文儒术,斯之盛",诚非虚语。

三是骨气。扬州人的性格气质属于阴柔,但柔中有刚。最突出的表现,就是在民族生死存亡关头,知大节,忠贞不贰,知其不可为而为之。南宋末年,元军挥师南下,沿江城市连连失守,扬州军民在李庭芝、姜才的率领下,顽强坚守,一年多的时间里,拒降达八九次之多。临安陷落后,在元兵挟持下的太后三次下诏谕降,李庭芝斩使焚诏,义正词严地宣称:"奉诏守城,未闻有诏谕降也。"最后他们均壮烈牺牲,被扬州百姓誉为"双忠",立祠祭祀。他们已经突破了死保一家一姓的愚忠,体现了以国家民族利益为重的大忠。明代末年,史可法督师扬州,血染古城,其忠其烈,可歌可泣。所以汪中称赞吾扬历来有守帅而无降臣。清末,扬州人熊成基,以安庆为革命策源地,谋划起义,推翻清政府,兵败出亡日本,后又变更姓名回国,再谋义举,事泄被捕,牺牲于吉林,年仅 24 岁。民国年间,乡人在瘦西湖畔建"熊园"纪念之,其墓现在大明寺内栖灵塔下。又有著名京剧艺人潘月樵,世居瘦西湖西北隅胡家场,武昌首义,月樵弃艺从军,亲率警团攻打制造局,受伤亦不自觉,衣襦皆赤。革命功成,陈英士督军沪上,授以调查部长之职,一笑置之,仍现身红氍毹上。

历史上,扬州城几度毁灭,几度复兴,几乎每次毁灭之后,扬州都能得到很快的复苏。这背后支撑着的,就是扬州自强不息的顽强精神,集中反映出炎黄子孙的民族骨气。

图 1 - 5 观音山

这种骨气反映在个体行为中,则有种种表现。或表现为坚韧不拔的毅力,为实现远大抱负不达目标不罢休,鉴真是一个突出的典型。或表现为蔑视世俗的傲气,扬州八怪之所以被人目之为"怪",一方面因为他们的画作"不拘墨,多得天趣","摆脱俗格,自立门庭";另一方面就是因为他们不与世俗同流合污。金农题画曰"国色零落抱香愁,岂肯同葱同蒜去卖街头"。郑燮"不矜小节,洒洒然狂达自放","日放言高谈,臧否人物,无是忌讳,坐是得狂名"。罗聘则说自己白日能见鬼,作《鬼趣图》,名骇京师。或表现为勤廉爱民的正气,高邮王念孙之父王安国,家本贫寒士,官至巡抚、尚书,衣食器用,不改其旧,"晏居退食,仍如老诸生"。居官廉介,在职时"敝车羸马",去职后家贫宅废,"归葬几无设奠处"。汪中之子汪喜孙 30 岁登仕途,其后久居下僚,原因就在于他不愿意巴结上峰,敢于与上峰面诤,"大吏每以强项称之"。而他对老百姓则体贴入微。道光二十六年、二十七年（1846—1847 年），河南怀庆府连遭水灾，汪喜孙亲赴乡村勘查，自秋至春，不避雨雪，有时就在芦棚过宿。道光二十八年（1848 年），为抗旱，汪喜孙奔走于太行山区，竟至一病不起。或表现出清贫自守的志气，尽管扬州盐商多豪富，盐商发自内心地敬重读书人也好，出于附庸风雅网罗读书人也罢，真正的学者、文人主动去投靠盐商的极少。所以翻开那些笔记小说、野史逸闻，怀才抱艺来扬谋生者，相当多的人还是贫困的。这从另一角度看出他们的志气。

毋庸讳言，扬州人文精神中也有些负面的东西，如扬性、扬盘、扬虚子之类的，也莫不由这样的土壤环境产生。文化的丰富性包含了人文精神的复杂性，有待于我们去正确认识、严肃对待和积极引导。

四、瘦西湖文化的产业价值

关于瘦西湖文化与扬州经济社会的关系，本书最后一章将集中阐述，这里着重论述其产业价值。

园林建筑产业。李斗《扬州画舫录》卷十七为"工段营造录"，对园林建造的各个工种、关键技术作了十分详尽的介绍。以第一节文字为例："造屋者先平地盘，平地盘又先于画屋样"，强调先平地再画图，为什么？因为"尺幅中画出阔狭、浅深、高低尺寸，搭答注明，谓之图说"，不把地平好，怎么能确定阔狭、浅深、高低尺寸呢。接着在图上标明介绍"烫样"，"纸裱使厚，按式做纸屋样"，再由工匠"依格放线"。然后定水平，水平仪怎么制，怎么操作，讲得清清楚楚。再下面，依法介绍土作，大木作法，瓦匠，石工，装修作，雕銮匠，油漆匠，画作，装潢匠，陈设，还穿插介绍了牌楼、碑亭、桥梁、户牖、匾额、厅、堂、阁、台、亭、斋、廊等等建造，知识性极强。由此可以看出，当时扬州在园林建造方面已形成完整的产业，积累了相当丰富的经验，所谓"工段营造，既备录其成宪"（《扬州画舫录》方濬颐序）。这是李斗"咨询于故老通人，采访于舟人市贾"的实证。其目的，不仅留此备忘，更重要的是指导后之来者，或建园，或修葺都是用得着的。

　　园林服务行业。如湖上多画舫，许多人以此为生。画舫不仅平常有，而且有市有会，春为梅花、桃花二市，夏为牡丹、芍药、荷花三市，秋为桂花、芙蓉二市。又正月财神会，三月清明市，五月龙船市，六月观音香市，七月盂兰市，九月重阳市。每市，游人多，船价数倍。

　　花木是园林不可或缺的，也成产业。傍花村居人多种菊，薜罗周匝，完若墙壁。南邻北宅，园种户植，连架接荫，生意各殊。花时填街绕陌，品水征茶。直至今日，扬州的花木仍是一项有地方特色的经济产业。

图 1-6　瘦西湖秋色

带动饮食业。《扬州画舫录》卷一云："北郊酒肆,自醉白园始,康熙时如野园、冶春社、七贤居,且停车之类,皆在虹桥……后里人韩醉白于莲花埂构水山亭,游人多于其家聚饮,因呼之曰韩园。迨醉白死,北门街构食肆,慕其名而书之,谓之醉白园。园之后门居小迎恩河西岸,画舫多因之饮食焉。"又云："双虹楼,北门桥茶肆也。楼五楹,东壁开牖临河,可以眺远。吾乡茶肆,甲于天下,多有以此为业者。出金建造花园,或鬻故家大宅废园为之。楼台亭舍、花木竹石,杯盘匙箸,无不精美。"

园林产业的辐射。如歌舞、评话,如漆器、玉器,沐浴等。这些或在或不在园林产业链上,但其中确有着十分密切的联系。还有些小玩意是人们不大容易想到的,竟也有人以此发财。《扬州画舫录》卷一："北郊蟋蟀,大于他处。土人有鸣秋者,善豢养,识草性,著《相虫谱》,题曰'鸣氏纯雄'。秋以此技受知于歙人汪氏,遂致富。"

瘦西湖作为一个聚集式、综合性的园林,作为一个海内外闻名的公共文化空间,对所在城市的经济、社会、文化发展的影响,对人们休闲、度假、旅游的引力,无疑是巨大的。

第二章　瘦西湖景区的发展轨迹

～～～～～～～～～～～～～～～～～～～～～～～～～～～～～～～～～

第一节　扬州城市的变迁

　　扬州及其辖境位于江苏省中部的江淮平原下游，地势平坦，土地肥沃，水源丰富，地貌以冲击平原为主，地势由西北向东南呈扇形倾斜。扬州地理坐标为北纬 31°56′—33°25′，东经 119°05′—120°35′之间。扬州城区位于北纬 32°24′，东经 119°25′。气候温和，无霜期长，属北亚热带湿润气候区。但由于地处江淮下游，时有江淮并涨的洪涝威胁，辖区内地形复杂，易涝易旱。

　　扬州是我国最早建城的城市之一。追溯建城之始，可以上推到西周时淮夷人在这里建的"干"国。

　　淮夷，或称南淮夷，是周以后流行的名称，所以它不见于商代的卜辞，而常见于周代的金文和《尚书·禹贡》等典籍。《禹贡》说："海、岱及淮惟徐州……淮夷蠙珠暨鱼。"蠙是蚌的别称，蠙珠即今天说的珍珠。这里不但指出了淮水流域有淮夷族，而且说明了其水产品丰富，从一个侧面反映了当时淮夷还处于渔猎经济的社会状况。最初淮夷生活于淮水以北的古徐州及邳县一带,故又称徐夷。古徐国是淮夷最强的一支。淮夷支系较多,有"九夷"之名。"九"是多的意思,不能拘泥为实数。

随着西周初年不断向东方用兵,基本上统一了黄河中下游流域。一部分淮夷人感受到压迫而继续向江淮流域南迁。这期间一批淮夷来到了淮南江北海西头的扬州。扬州西北的蜀冈,为长江北岸的阶地,土地平旷,水源充足,适宜于城市聚落的兴起,他们便在这里建起一个部落国家——干国。

古籍载:"淮夷蠙珠暨鱼",以生产蚌珠及鱼著名,干国即捕鱼民族之国,大体近是。"干"加"邑"作"邗",是后来的事,乃是大小有一座城的意思。自淮夷在蜀冈建立邗国,到唐以前,虽屡易其名或有变迁,一直是扬州城的所在之地。这座邗城,要比后来的"吴城邗"要早得多,可惜已无从探寻了。

一、春秋时期的邗城

上面提到的"吴城邗",即《左传》鲁哀公九年(周敬王三十四年,吴王夫差十年,公元前 486 年)载:"秋,吴城邗,沟通江淮。"这是有关邗城建造的最早文字记述。

春秋末期,各民族社会经济和文化有了很大的发展,原来被尊为"共主"的周天子再也不能对各诸侯国发号施令了,各诸侯国之间相互兼并,大国则争夺霸权。当齐、秦二国雄踞东西,楚、晋争霸已近尾声时,长江下游的吴国勃兴而起。吴国主要据有今江苏省南部、江北一部分和浙江省北部,建都于姑苏(今江苏苏州)。与吴相邻并峙的是越国,据有今浙江省大部分,建都于会稽(今浙江绍兴东南)。两国是近邻,经常作战,兵戈不止。吴王阖闾时,任用军事家孙武为将,加强军备。周敬王十四年(公元前 506 年),阖闾出兵大举攻楚,占领楚国的都城郢(今湖北江陵),楚昭王仓皇逃走。不料吴国内部为争夺战果发生内讧,越国乘机攻吴,造成吴国的后顾之忧。不久楚国又借来了秦兵。在腹背受敌的情况下,吴被迫撤军。

吴王阖闾为报越国偷袭之仇,转而起兵攻越,但被越军打败,受伤病死。子夫差即位,立志报仇。周敬王二十六年(公元前 494 年),夫差攻越大胜,俘虏了越王勾践。越国求和,吴许越为属国。

　　夫差胜越后，认为已无后顾之忧，一心要北上伐齐、鲁，进军中原，和晋国争霸。就在此时，居于控江扼淮地位的邗地受到极大的重视，可以在这里筑城，作为北上的指挥重镇。城筑于邗地，故名邗城。邗或干，早已成为吴的代称，邗城实即吴城。

　　一般的解释是，吴筑邗城，是为了储备军需，作为北上的后勤要地，但历史学家童书业在《春秋末吴越国都辨疑》中指出：吴城邗，实是把吴都迁于邗，在这里重建都城。这是有事实可证的。吴对邗的地理条件的重视由来已久，称"禺（吴）邗"，以干代吴都，可见出其中心的地位。从当时形势上讲，吴人北上，淮南为唯一的力争之地，必须以此为中枢。吴差自称"禺邗王"、"邗王"，他就是这里的王，这里就是他的都。所以童书业在《春秋史料集》于"秋，吴城邗，沟通江淮"句下注云"吴迁都？北略，交通"，不是没有道理的。

　　值得注意的是，西汉初高祖封兄子刘濞为吴王，迁吴国都城于广陵，就因这里曾是春秋时的吴都，具有都城基础的缘故。对此，史学家吕思勉论证说："刘濞之建都，必不能于荒凉僻陋之地。广陵若前无所因，必不能于汉初救死扶伤不给之际，建成都邑，亦足见城邗之即为建立新邑耳。"意思是说"城邗"即吴在这里建成新都邑，汉初吴王刘濞都广陵，即沿用吴都之邗城，而非另建新都，肯定了"吴城邗"为吴迁都于邗。

　　邗城，这座最古的扬州城，"北抱雷陂，西据蜀冈"，城的南沿在蜀冈南麓断崖上，断崖下即是长江。城为方形，板筑城垣，周长约十华里。城南有两道垣，外城垣和内城垣之间有濠，外城之外也有濠环绕。传说城没有南门，北面为水门，只有东西两面有城门。这种形制，与江南的越城、奄城遗址相似。

　　"吴城邗"也好，筑城为迁都也好，这对扬州来说，都是有史实记载的建城的开始，说明了它的古老与辉煌。

　　公元前 473 年，越灭吴，邗城一度属越。

　　公元前 333 年，楚国大破越国，杀越王无疆，尽取吴故地，此地属楚。据《史记》所载，周慎靓王二年（公元前 319 年），"楚怀王槐城广陵"，即在邗城的基础上再次筑城。五年（公元前 316 年），置广陵邑，扬州自此有"广陵"之称，即广被丘陵的意思。

二、汉代的广陵城

汉高祖十一年(公元前 196 年),异姓王淮南王英布谋反,击杀了同姓王刘邦的从兄荆王刘贾。刘邦率军亲征,刘邦哥哥刘仲的儿子沛侯刘濞参加了这次征讨。刘贾无后,诸子又年少,只有刘濞年稍长,便封刘濞为吴王,更荆国为吴国,领三郡五十三城,迁都于广陵(原荆国都在盱眙东,即东阳郡)。

把吴国的都城迁于广陵,不是随便的举动。从春秋末期吴都邗城,后来楚又增筑广陵城以迄于汉,由于没有遭到战争的破坏,一直保持完好,而汉初又无力新建都城,迁都广陵是必然的选择。正如史学家吕思勉先生说:"汉初以前,长江下游之都会,实惟吴(苏州)与广陵(扬州)。"这是邗城的故地。广陵给了刘濞好地方,也给了他好条件。

在吴王刘濞期间,随着财力的充盈和人口的增加,对都城广陵复加以扩建,城周十四里半,更为气派,更为宏大。汉广陵城的内城是重复于邗城遗址之上的。内城之东为汉代扩筑之城,亦即外城,或称为"东郭城"。城为版筑土墙,门阙处用砖瓦砌成,后世有人在缺口(城门所在)地下,发现过残破的绳纹汉砖和方状纹的汉瓦当。如是者三十年,国力强盛。南朝刘宋时期的诗人鲍照写有名篇《芜城赋》,开头所说的"泜迤平原,南驰苍梧涨海,北走紫塞雁门。柂以漕渠,轴以昆冈。重江复关之隩,四会五达之庄……",即是写的这座汉城。

魏文帝曹丕黄初五年(224 年),由邻近魏广陵郡治的泗口,赴广陵故城,黄初六年(225 年),又一次"行幸广陵故城"。一再称"故城",即原城已不存在了。鲍照《芜城赋》后面所写芜城的荒凉景象,即是指这座已不复存在的广陵城,而非指刘宋大明时期的广陵城。《文选》李善注说此赋是"登广陵故城"所作,更证实这个"故城"乃是西汉刘濞所筑、曹丕登临的是已废毁的那座"故城"。

东吴五凤二年(255 年),孙亮当国,有意北伐,派卫尉冯朝城广陵,拜将军吴穰为广陵太守,广陵为吴所有。这是历史上有记载的第三次修筑广陵城。

东晋大和四年(369 年),大司马兼南徐州刺史桓温,率步骑五万,经广陵出发,北击前燕慕容玮,失败后徙镇广陵,曾发动徐州、兖州二州移民,对广陵城加以修缮。

这座城至唐以前,城址未有大变。

三、唐代的扬州城

隋亡以后,一个充满生机的唐王朝代之而兴,扬州城出现了新的变化。对于这座被9世纪时大食(阿拉伯)地理学家伊本称作东方四大商港之一的扬州城,文献资料少而且简。唐诗中屡屡提到的"春风十里扬州路"、"十里长街市井连"、"九里楼台牵翡翠"等是笼统而朦胧的。杜牧《扬州三首》所说的"街垂千步柳,霞映两重城"和《唐阙史》所说的"扬州,胜地也,每重城向夕……九里三十步街中,珠翠填咽"也只透露出扬州为"重城"——由"子城"和"罗城"构成,具体情况也不得而知。

对唐代扬州城的科学考古勘察和发掘,是新中国成立后60年代开始的,改革开放以后,进行了有领导有计划的全面勘查和发掘。经过几十年的努力,出土了大量珍贵文物,发现了多处遗址,积累了丰富的实物资料,经过科学分析,已大致弄清了唐代扬州城的规模与形制。考古工作正在进行中,还会有新的发现和发展,但勾画出比较清晰的轮廓已成为可能。

上面提到,"两重城"即子城和罗城。

子城,亦称"牙城"或"衙城",是扬州大都督府及以下各种官署的集中地,也是原先隋炀帝江都宫的所在地。它在蜀冈之上,是自吴王夫差都邗城以来,"由春秋迄唐,虽递有兴废,而未尝易地"的那个部位,是唐初在原有基础上扩展而成的。

据测,唐代子城的四至是南墙西起观音山,向东偏北方向至铁佛寺东,全长1900米,这段城墙地面无痕迹,地下还保存近4米的夯土墙基。西面南起观音山,向北直至河西湾村的西北,全长1400米,至今仍保有高出地面10米的城垣,城垣外有护城河。北墙西端由子城西北角起,向东偏北长700米,折向尹家庄长600米,又向东转折至江庄村北长900米,总长计2200米。除被破坏的一段外,尚留有高出于地面的5~6米的夯土墙。东墙北端自东北角江家山坎向南700米,折向东100米,又向南转折700米与南墙相接,总长1500米。东墙保存较好,有高出地面6米以上的夯土城垣。

在子城内还探得南北向和东西向道路各一条,南北向街道自堡城北门向南延伸至董庄村南门,全长约1400米,宽10米;东西向街道东起东华门,西至西华门,长1800米,宽约11米,两条街道成十字交叉,交叉路口宽22米。在子城北段,还出土有隶书阴文"北门壁"、"北门"和"城门壁"等字砖,字体与南京附近出土的东晋王氏、谢氏墓上的字体相近,有人认为可能是东晋时所筑广陵城的遗迹,至唐仍被沿用。东晋在扬州筑城的只有桓温,不知有无关系。

罗城亦称大城,是在蜀冈下的平原上建造的一座民居和工商业云集的城市,与子城相接,"连蜀冈上下以为城"。罗城是随着扬州经济交通的发达,完全在平地上新构筑的。它比子城为晚,不可能在唐的早期,大致在盛、中唐之间,从发掘的土层来看,也非一次完成。这和扬州在唐代发展的过程是相对应的。

罗城的规模虽不及长安和洛阳,却是全国有名的大都市,其地位不下于今天的上海。通过对罗城的全面钻探,得知其四至为:

东城垣为一直线,北起原东风砖瓦厂东北角,向南经黄金坝,沿古运河西侧向南,至古运河向西拐角的康山街为止,全长4200米。原康山即为拐角城基遗迹,现已不存。

南城墙东起康山街,向西延伸至原扬州毛巾厂内的罗城西南结合,全长3100米。

西城墙北接子城西墙的观音山下,垂直向南经杨家庄西、新庄、双桥、原江苏农学院至原毛巾厂止,全长4100米。此段夯土墙保存完好,城垣外有一条南向的护城河。

北城墙西起子城的东南角,向东南延伸470米,再向南折100米,又向东再折900米,与东墙相交,全长1470米。此墙东段地面也保存有部分城垣。

整个罗城呈长方形,南北长4000余米,东西宽3120米。探测的结果表明，与文献的记载大体相符。

当时扬州由江都、江阳、扬子三县分理。城内有南北向官河。官河以东有瑞芝坊、布政坊、崇儒坊、仁凤坊、延喜坊、文教坊、庆年坊、孝儒坊。太平坊、会义坊、瑞政里、集贤里、来凤里等，为江阳县属；官河以西有会通坊、通润坊、尚义坊、崇义坊、怀德坊、安邑坊、赞美里等，为江都县属。此外，罗城东跨过运河，自西向东为江阳县属弦歌坊、道化坊、临湾坊。这三坊本在罗城东郊，淮南道盐铁转运使王播从南门外另开新河，向东屈曲，绕城东南角北折，与东水门官河和北江（邗沟）相接，才被隔在运河之东。

现在还探出七座城门遗址：位于北墙和东墙各一座，南墙三座，西墙二座。西墙二座分布南北两端，相距约 3000 米。据此推测，将有更多的门址发现。

当时罗城内街道与水道交错，富有水乡特色，桥梁很多。杜牧诗云："二十四桥明月夜"。关于二十四桥，沈括的记载是：最西浊河茶园桥，次东大明桥，入西水门有九曲桥，次东正当帅牙南门有下马桥，又东作坊桥，桥东河转向南有洗马桥、次南桥，又南阿师桥、周家桥、小市桥、广济桥、新桥、开明桥、顾家桥、通泗桥、太平桥、利园桥，出南水门有万岁桥、青园桥，自桥北河流东出有参佐桥，次东水门，东出有山光桥。又自南门下马桥直南有北三桥、中三桥、南三桥，号"九桥"，不通船，不在二十四桥之数，皆在今州城西门之外。

图 2-1　发达水运

沈括记载甚详,然亦多可商之处。清梁章钜指出:"括之所记,除九桥外,亦只二十桥(按实为二十一桥),所谓二十四桥者,究竟无由凿指其地。"又宋王象之《舆地纪胜》说:"扬州府二十四桥,隋置,并以城门坊市为名。"而《补笔》所列桥名,如作坊桥,周家桥、南桥、新桥、顾家桥等,均不像坊市之名。再如五代和宋的扬州城比唐的州城小,且移动位置,新城在老城的东南隅,并分布阡陌,别立桥梁,二十四桥已不可考,那么沈括所说的二十一桥,是否都在唐代扬州的二十四桥之数,也很难确定了。现在还不能以沈括所说为准。

但也不必拘泥于二十四桥之数。杜牧诗善用数字,"二十四桥明月夜"而外,还有人所熟知的"南朝四百八十寺",据《建康实录》,南朝有五百多寺,与诗的数目并不相符。这些诗中的数字,只是概言其多而已。扬州水多,当然桥也多,这是明摆的事实,不容置疑的。

唐代扬州的一些坊市名和桥名,常见于唐人的诗文中,有的名字一直沿用到今天,如通泗桥、开明桥等。2003 年还发掘出一些桥的遗址,确能引起人们的亲切之感和怀古之思。

四、宋代的扬州城

北宋时期,袭用后周的州城。城西北郊有大明寺,背面有铁佛寺,东北郊有上方禅智寺,州治在今长春桥之东,位置偏于城内的西边,距离诸名胜之地甚近。此时的扬州仍不失为淮南东路的名城。

南宋期间,扬州是淮河前线的后方,时而又成了前线。为了抵御进犯,对城池有多次增筑和改变。建炎元年(1127 年)九月,朝廷命江东制置使吕颐浩缮修城池。二年十月,又命浚隍修城,周 2280 丈,这就是把州城在唐罗城范围内的土地全部划出城外,再把州城的南沿向南推进靠近运河。东城墙在"古家巷"南北一线(东门在古家巷北)向南再转弯向西。西城墙南起今砚池,北至长春桥东。这座北边沿高桥柴河,东边和南边沿运河的城,全是用大砖砌造,名叫"宋大城"。

淳熙中(1174—1189 年)郭棣知扬州,他认为已被毁去的故城(唐代子城），地势高（在蜀冈上），可以凭高临下，具有打退敌人的有利条件。于是把搁置已久的故城重建，叫"堡寨城"，与宋大城南北对峙，其中相隔二里，又筑土"夹城"以通往来，从此，扬州一地有三城。

宝祐二年（1254年）七月，贾似道为两淮宣抚使，把堡寨城改为砖筑，次年正月更名为"宝祐城"。其城之西门名"平山"，濠外复筑"圌城"，包平山堂于内，且作外濠以环之。东门名"通太"，北门名"雄边"，南门楼匾名"宝祐城"。所谓"圌城"，与"月城"相似而实不同。月城在城门之内，用为内防；圌城在城门之外，用为外护。城虽坚固，敌兵到时，也易损毁。

李庭芝守扬州期间，大修城垣，以驻武锐军。印有"大使府造"的大砖就是这时烧造的。南宋扬州城砖中，还有不少印有韩世忠抗金部队的番号和此后抗元部队番号的。明代扬州人盛仪等纂修的《嘉靖惟扬志》，即有《宋大城、宝祐城、夹城图》，可供参看。

五、明代至今的扬州老城

元代袭用宋大城。元末城已破坏，元至正十七年（1357年），明兵取得扬州，令金院张德林改筑宋大城的西南隅守之，周长约九里，门五：东门名宁海（门楼名迎晖，后称大东或先春），西门名通泗，南门名安江，北门名镇淮，东南门称小东（门楼名谯楼）。另有南北二水门。市河（今汶河路）贯通城中。

明嘉靖三十五年（1556年），倭寇侵扰。这时的扬州，由于人口的增长，特别是商业和手工业的发展，市肆作坊已扩展至原旧城的东郭外。倭寇来犯，对东郭外的商业区和手工业区多有洗劫。嘉靖三十五年，扬州知府吴桂芳接受了副使何城和举人杨守诚的建议，紧接东郭筑一外城，把商业区和手工业区包入城内，免遭寇扰。工未竣而吴桂芳调任，复由新任知府石茂华接手办理。这座城由原旧城东南角循运河而东折向北，复折而向西，至旧城东北角止，约十里，称为"新城"。新城设有七座城门：南有二门，名挹江门（即钞关）、南便门（又名徐宁）；北有三门，名拱宸门（又名天宁）、广储门、便门（又称便益）；东有二门，名通济门（又名缺口）、利津门（又名东关）。旧城东门外，即新旧城之间有护城河,增建了南水门,名"龙头关"。在建筑新城的过程中,倭寇曾兵临城下,遥见兴筑的新城岸高池深,城楼巍然,不敢再向前逼近了。后来虽有袭扰,均被击溃。

明代扬州城址,也就是直到新中国成立前的扬州城址,虽然新中国成立后拆城筑路,但扬州老城至今仍清晰可辨。

第二节　瘦西湖水系的形成

一、水源概述

瘦西湖水系的形成,是一个漫长的历史过程。瘦西湖原称保扬河、保障河,又称炮山河,还有后起的长春河等名称。炮山河的名字不可解,前人认为这或许是保障河的讹读,这倒是比较合理的解释。从保扬河、保障河的名称来看,它是由自然河流、人工河道随着扬州城市的变迁而逐渐形成的纵横交错的城壕和通向运河的水道,是扬州生活用水、水道运输和城市安全的保障。

扬州是水源丰富的地区。至少在春秋时,长江的北岸线,大致在今仪征西北的胥浦,扬州之东的湾头至江都的宜陵一线,今之蜀冈之下即濒临大江。随着长江的南移,作为长江北岸阶地的蜀冈之下,成为江北泛滥的河漫滩。1000多年间,由于泥沙的堆积,逐渐形成了近40里宽的冲积平原。

在这片河漫滩和冲积平原上,主要的源头活水是来自扬州西北甘泉、金匮两山之间的水流,汇集于蜀冈南麓,再由蜀冈中、东峰(今平山堂、观音山)之间的九曲池冲泻而出,造成了条条河沟。此即清顾祖禹在《读史方舆纪要》卷二十三《南直五》所说:"新塘,府西北十里。长广二里余,西南接上雷塘,合流入于漕河。……《漕河考》:陈公塘,上、下二雷塘,勾城塘,小新塘,旧为扬州五塘,运河浅涸,往往引塘水济之。"而《嘉庆重修扬州府志》说得更为明确:"平山堂与观音山交界处有涧水冲出,山下有坞,上有池,即古九曲池故迹。

坞中之水南流,西受破山口水,又南受吴家砖桥及二十四桥西来之水,东流旧绕莲性寺前,过法海桥,通保障湖,为古炮山河故道。自莲花埂凿开,新河水由莲花桥出,遂不由法海桥矣。"

《嘉庆重修扬州府志》还说:"保障河在府西四里,城北三里。旧有柴河,东连官河,西接市河入城。而城西一望平原,别无壕堑。崇祯十年,始自柴河口引城东运河绕西郭,复折而西,南接城南二里之宝带河,仍合运河,延袤十六里。时又于近河东岸缘垒为城,上设敌台,因名保障焉。"柴河(草河),今称为漕河;宝带河,乾隆《江都县志》云"宝带河在南门外文峰寺北",同书《河防志》介绍,明万历二十年(1592年),时任扬州知府的郭光复疏浚此河时,曾在河底拾得玉带一条、汉寿亭侯铜印一颗,故名宝带河,此地为当时扬州西山诸水汇集瘦西湖后流入运河、注入长江的重要孔道。

这些资料所说的,是结合当时的情况,时间的幅度拉得很长,但就瘦西湖的最初源头来说,脉络还是清楚的。当然,这里所说主要是自然水流。

二、人工河道与水系

至于人工河道与瘦西湖的关系,首先提到的是邗沟。公元前486年"秋,吴城邗,沟通江淮"。邗城建于蜀冈之上,而在临近邗城的蜀冈之"下掘深沟",说明邗城与长江是很近的。邗沟的扬州段,于邗城东南的铁佛寺前向东,达今之螺丝湾桥,再往东至黄金坝。今螺丝湾桥至黄金坝的小河仍名邗沟,还在螺蛳湾桥的桥西,河之南沿,发现过一段唐代在护坡工程中遗留下来的楠木驳岸。这段河道,与瘦西湖相通相接,促成了今瘦西湖长春桥至大虹桥一带水体的形成。

邗城春秋末为楚所据,筑广陵城。广陵城西汉时又为吴国都城。这座城在西南而掘有护城河,这与瘦西湖也有直接的渊源。

春秋吴王夫差所开的邗沟,至东汉时已水道淤塞,不便航行。建安初年,陈登任广陵太守,乃征调军民改凿邗沟西道,其走向自广陵至樊良湖不变,自樊良湖往北,不再绕道薄芝、射阳二湖,径直往北开渠,通泽湖(今界首湖)、马瀫湖(今白马湖),复由射阳末段入末口(今淮安北五里),其路线相当于今里运河一线。清人刘文淇《扬州水道记》卷三所谓"淮湖迂远,水陆异路,山阳不通,陈(登)穿沟,更凿马瀫,百里渡湖"即指此。其广陵一段,由于水道畅通,对瘦西湖的水系有了较大的改善。

隋炀帝大业元年(605年)于开通济渠的同时,发"淮南民十余万开邗沟,自山阳至扬子入江"。这是又一次拓浚邗沟故道。但与隋文帝时开的山阳渎并非同一河道,是在原西道基础上拓宽浚深而成,相当于今里下河一线。因水道深广,对瘦西湖一带的供水也有很好的作用。

同时,因为人口的增多和经济的发展,有些居民或商肆已逐渐扩展至蜀冈以下的冲积平原,为解决供水和作为民居的保护,在蜀冈中、东峰之间开九曲池,引雷塘及蜀冈山涧之水向南流向平地。这是此后瘦西湖形成的主要因素之一。

唐代,随着蜀冈下罗城的完善和扩大,扬州水系有了很大的变化。对此,徐从发先生的《京杭大运河史略》中有很好的描述:

> 为扬州带来繁荣的大运河,唐代称官河或漕河,南北纵贯扬州罗城,再折东,沿邗沟故道达禅智寺桥经湾头北上。其纵贯罗城南北向的运河,疑是1978年2月26日在石塔寺前发现的自南而北河底宽约30米的古河道——官河。横跨于官河上的5孔支架梁式大桥,桥呈东西走向,中孔达8米,为通航孔,可通大型船舶。《方舆胜览》载有"漕河贯城中,即邗沟也"。

上述运河遗址的发现,说明运河是穿城而过的。城内工商户及居民一般都喜傍河而居,因此,运河是城内居民交通、用水的干渠,也是唐代漕运的主动脉。初唐时,李袭誉"引雷陂水"入官河,改善了运河水源条件。唐贞元四年(788年),"扬州官河垫淤,漕挽埋塞,又侨寄衣冠及工商等多侵衢造宅,行旅拥弊"(《旧唐书·杜亚传》)。加之水源不足,漕运常受阻。淮南节度使杜亚疏浚官河,同时疏浚陈公塘、勾城塘,筑长堤,引水至城内官河,舟船复通行无阻。唐诗中所说的"园林多是宅,车马少与船","市廛持烛入,邻里漾船过",正是写的这种情况。贯通南北市河水和周遭的护城河水,已基本构成了瘦西湖水道的格局。

时隔38年,杜亚所浚的城内官河复又淤塞,盐铁使王播于宝历二年(826年)又从城西南七里港,向东屈曲开七里港河,然后取道禅智寺桥旧官河,运道得以畅通,所开河道长19里。据《扬州水道记》记载:"自是漕河始由阊门外,不复由城内旧官河矣"。唐代罗城南门即阊门,韦应物的《喜于广陵拜觌家兄奉送发还池州》诗中有"南出登阊门,惊飚左右吹"可资佐证。南门遗址与城东南角亦基本为直线,这一走向说明,王播开的七里港河似与今宝塔湾至黄金坝古运河的走向接近。虽然水运不再经城内的官河,水道还是通的,仍保持了"扬州郭里看潮生"的景象,瘦西湖水有充分的保证。

宋代扬州有三城,即建于南宋前后期的宋大城、堡城及夹城。宋大城(州城)东南两面仍沿唐罗城旧垣,城外即运河,北护城河即今之漕河,两垣邻近唐罗城西部的九桥河。此段河道的水源既有由北而来的蜀冈之水,又有西来的二十四桥水。堡城在蜀冈之上,夹城连通上下,建成后,三城护城河水量剧增,另凿了一条由夹城、州城与吴家砖桥沟通的水渠,以提升水源。还有一条南接运河,北通今北门桥的市河(今汶河路)。这对瘦西湖水系作用极大。

图2-2 宋夹城河畔

元至正十七年(1357年)朱元璋占领扬州城,于原城之西南筑城守之。此即后来的所谓"旧城"(相对于后来建的"新城")。城东面的大东门、小东门一线,有南北向由运河通往北水关的护城河,后来成为直接通向瘦西湖的水道,称作"小秦淮",是与瘦西湖相连的一道景观。清康熙初年陈维崧有《依园游记》云:"急买小舟由小东门至北郭,一路皆碧溪红树,水阁临流,明帘夹岸,衣香人影,掩映生绡画縠间。"可见情况的一斑了。

明嘉靖间,为防倭寇,扬州筑"新城",并开广储门河,东引运河水西与天宁门河通,瘦西湖的水道又一次得到了伸展。至此,瘦西湖水系基本形成。

清乾隆年间,两淮盐运使高恒主导凿通莲花埂,修建了莲花桥,而且开展了规模更为浩大的工程:自天宁寺往西直至平山堂全线整修、拓宽了瘦西湖。瘦西湖自乾隆十五年(1750年)、二十年(1755年)、二十六年(1761年)三任两淮盐运使的多次大规模疏浚,河道拓宽了许多,正是这种水系的精细化工程,最后完全形成了今日所见的瘦西湖水文景观。

清代主要是加挖和拓宽,基本格局没有大的变化。新中国成立后瘦西湖的水源、水系大有改观,人所共知,不多说了。

第三节　瘦西湖景区的历史演变

一、历史的回溯

扬州是中国造园史上较早的地区之一。即以本书所涉及的范围——瘦西湖景区来说,至少可以追寻到汉代。汉高祖十二年(195年)刘邦更原来的荆国为吴国,封自己的侄子刘濞为吴王,将都城由原荆国的东阳郡(在今盱眙东)迁至广陵。刘濞在增筑广陵城的同时还建有园囿。史有明文的,是在北郊雷坡(亦称雷塘)筑有"钓台","钓台"情况如何,现在难以设想。倒是南朝刘宋诗人鲍照,在他的名篇《芜城赋》中透露了一些消息。他登临广陵故城,想起了广陵的"当昔全盛之时",有"藻扄黼帐,歌堂舞阁之基;璇渊碧树,戈林钓诸之馆"——装饰着彩门绣帐的歌堂舞阁和点缀着美石玉树的渔猎之馆。据《文选》李善注,此即指的西汉刘濞时期的建筑。当时刘濞"孳货盐田,产利铜山,财力雄富,士马精妍",完全有气魄这样做。这说明至迟在公元前一百六七十年,在蜀冈之上,就有了规模较大的宫苑园林建筑,这之前,扬州已具备了造园的技术条件,亦是可以想见的。

南朝宋文帝元嘉二十四年(447年),徐湛之来广陵做南兖州刺史。徐湛之是南平王刘铄的舅子、随王刘诞的丈人,算得上是皇亲国戚。《宋书》上记载"广陵旧有高楼,湛之更加修整,南望钟山。城北有陂泽,水物丰盛,湛之更起风亭、月观、吹台、琴室,果竹繁茂,花卉成行,招集文士,尽游玩之适,一时之盛也"。城北陂泽,也就是雷陂,徐湛之在这里构造园林,可以说是见诸史迹的一次有计划的造园活动。值得注意的是"广陵旧有高楼"云云,说明前代遗留下来的园林之类的建筑还是不少的。以上所说的这些园林建构,都是在蜀冈之上。

大业元年(605年)以来,隋炀帝沿着开凿的运河,三次来到他旧日的镇守之地扬州。特别是大业六年(610年)第二次下江都,此时正是江都宫建成之时。江都宫是一座规模宏大的宫殿建筑群,内有十宫。《寿春图经》载:"隋十宫在江都县北长阜苑内,依林傍涧,因高跨阜,随地形置焉,并隋炀帝立也。曰归雁宫、回流宫、九里宫、松林宫、枫林宫、大雷宫、小雷宫、春草宫、九华宫、光汾宫,是曰十宫。"在芳林门与玄武门之间,有成象殿、水晶殿、流珠堂等处。除了江都宫,尚有扬子津口的临江宫(一名扬子宫,可眺大江)和建在城东五里的新宫。这些宫殿依林傍涧,因高跨阜,证以隋炀帝《江都宫乐歌》"风亭芳树迎早夏,长泉麦陇送余秋。渌潭桂树浮金雀,果下金鞍跃紫骝"的诗句,无疑是宫室与皇家园林的结合。更重要的是,当时有许多北方匠师参与了此类工程,他们与南方的匠师互相交流融合,促进了建筑技术水平的提高。后来扬州的园林建筑兼有南北之长,应是这时期奠定的基础。这些宫室园林,仍大多在蜀冈之上。

唐时,全国都市之盛以扬州为第一,有"扬一益二"之称。其时"扬州侨寄衣冠及工商等,多侵衢造宅",用现在的话说,就是占道建筑。在市井相连的"春风十里扬州路"上,园林占有很大的比重。从杜牧的"天碧楼台丽"、姚合的"园林多是宅"的诗句中,可以想见当时扬州园林之盛。唐李复言《续玄怪录·裴谌》故事中说,贞观中有药商裴谌,在扬州二十四桥之一的青园桥东有樱桃园住宅,这座住宅"楼阁重复,花木鲜秀,似非人境,烟翠葱茏，景色娇媚，不可形状"。另一座"郝氏园"，较樱桃园犹有过之。甚至"有大贾周师儒者，其居处花木楼榭之奇，为广陵甲第"。这些例子说明，唐代扬州园林（一般均为私家园林）规模都很可观。中唐后罗城形成，园林大多移至蜀冈之下。

比起以往来，宋、元期间造园活动稍逊，这是和扬州地处江淮前线，战事不断，以及运河阻塞，淮河改道有关的。但仍有一些公私园林被记载下来，例如邻近今瘦西湖长春桥东侧的扬州郡府园圃，即北宋沈括《梦溪笔谈·补笔谈》所记产生芍药名品"金缠腰"（今称"金带围"）和韩琦等"四相簪花"故事的地方。贾似道于"小金山"（非今之瘦西湖小金山，乃《扬州画舫录》卷一所称"圆如伏釜"的小金山）复建之云山观等，元代有"平野轩"、"崔伯亨园"等，都名重一时。还有些零星的亭阁建筑，散见于诗文记述中。

到了明代，永乐年间重开漕运，修浚大运河，扬州恢复了交通枢纽和江南商业中心的地位，各地商贾云集，侨寓者甚众。经济的繁荣促进了扬州造园艺术的提高。许多外地特别是徽州和苏州一带的建筑匠师纷纷来到扬州，带来了各具地方特色的建筑手法，丰富了扬州建筑艺术的内涵。这时期扬州园林很多，最著名的为明晚期扬州望族郑氏兄弟的四座园林，即郑元勋的影园、郑元侠的休园、郑元嗣的嘉树园、郑元化的五亩之园。其中规模最大、艺术最精的当推位于新城流水桥的休园和位于旧城南湖（今荷花池附近）的影园。影园还是当时的大造园家、《园冶》的作者计成主持设计和施工的，堪称造园的经典了。但这些园子多不在今瘦西湖景区的范围内，只是造园的技艺对后来瘦西湖园林的兴起颇有影响。

二、萌芽中的瘦西湖

从明代到清初，保障河除了自然风光，并没有成为风景名胜区。明代人文地理学家王士性，纵游各地，多有歌咏和记述，在他的《五岳游草》和《广志绎》中，写到扬州的瓜洲，写到扬州的水利，也写到扬州的"养瘦马"的调教功夫，就是没有写到炮山河或保障河。明末清初的遗民张岱，在"国破家亡"之际回顾以往,写下了名著《陶庵梦忆》,里面有几则是专写扬州的。"扬州清明"极写明代扬州清明节的热闹与繁华。

> 于此扬州清明日,城中男女毕出,家家展墓。虽家有数墓,日必展之,故轻车骏马,箫鼓画船,转折再三,不辞往复。监门小户亦携肴核纸钱,走至墓所,祭毕,则席地饮胙。自钞关、南门、古渡桥、天宁寺、平山堂一带,靓妆藻野,袨服缛川。……余所见者,惟西湖春、秦淮夏、虎丘秋,差足比拟。然彼皆团簇一块,如画家横披;此独鱼贯雁比,舒长且三十里焉,则画家之手卷矣。

里面提到了钞关、南门、古渡桥、天宁寺、平山堂,没有提到保障河的景物,大概那时"箫鼓画船"上所见的,仍是保障河的自然风光。

历史学家谈迁为了重写《国榷》,特地往北方实地探访和搜求资料,于顺治十年(1653 年)七月路过扬州,做了数日逗留。他拜谒了史可法墓,游览了兴教寺、琼花观、平山堂,看到了至今仍生机盎然的可四人合抱的城隍庙大银杏树,当然也游了保障河。清初扬州的著名诗人吴绮在《扬州鼓吹词序》中说:

> 红桥在城西北二里。……朱栏数丈,远通两岸,虽彩虹卧波,丹蛟截水,不足以喻。而荷香柳色,雕楹曲槛,鳞次环绕,绵亘十余里,春夏之交,繁弦急管,金勒画船,掩映出没其间,诚一郡之丽观也。

此时,这里已成为城外郊游的最好去处。保障河上还有一处建筑,即建于元代的法海寺(清康熙时改名莲性寺)。寺四面环河,寺前有桥名"法海"。寺后有桥名"莲花",桥下遍植莲藕,夏日花开,清香四溢。

红桥、朱荷、绿柳,这样的大好景色,引出了渔洋山人王士禛"红桥修禊"的故事。王士禛对红桥有极深极好的印象。他在《红桥游记》中说:

> 出镇淮门,循小秦淮折而北,陂岸起伏多态,竹木蓊郁,清流映带。

图2-3　文献记载瘦西湖景观

人家多因水为园亭树石，溪塘幽窈而明瑟，颇尽四时之美。拿小艇，循河西北行，林木尽处，有桥宛然，如垂虹下饮于涧，又如丽人靓妆祛服，流照明镜中，所谓红桥也。游人登平山堂，率至法海寺舍舟而陆径，必出红桥下。桥四面皆人家荷塘，六七月间，菡萏作花，香闻数里，青帘白舫，络绎如织，良谓胜游矣。予数往来北郭，必过红桥，顾而乐之。

这座木结构的九曲红桥，于乾隆元年（1736年）由郎中黄履昂改筑为拱形石桥，虽便于通行，已不复王渔洋所说的"一字栏杆九曲红"的风致了。

自康熙二十三年（1684年）至四十六年（1707年）之间，康熙曾经六次南巡。南巡的主要目的是视察水情和研究治河方略，一路上也游览各地的山川胜迹。每次南巡都在扬州停留，第五次为了便于随员在扬州购物，还特地多停留了两天。他先后游览了扬州不少地方，多有赐名或题额，如小五台（今五台山）赐名香阜，题"香阜清梵"额；舍利禅院（原址在问月桥西）题"大智光"额；天宁寺题"萧闲"额；平山堂题"怡情"额；驻跸的三汊河塔湾行宫赐名"高旻寺"，题"云表天风"额。保障河上，唯康熙四十四年（1705年）五次南巡赐改法海寺为莲性寺，其他别无举动。原因很简单，这期间的保障河仍以自然风光取胜，还没有多少人工园林的建造。

当然，皇帝数次巡幸，不可能不在社会上引起反响并有所动作，保障河一带也出现了一些私家园林，但因是零星分散，并且有的在康熙六次南巡之后才出现，不及为康熙所注意。

由于久未疏浚，到雍正时，保障河泥浆淤积，不便行船，大片荷田改作种芹，已非昔时风光。雍正十年（1732年），知府尹会一疏通市河（汶河），借这个机会，在乡翰林程梦星倡导大众捐金疏浚保障河，以利于市河之水的蓄泄，又种桃插柳于两堤之上。这样一来，河道开阔，花木成行，景况一新，画舫一直可以通到二十四桥的筱园，对之后保障河的开发提供了有利的条件。自此，保障河渐被称为保障湖。

三、瘦西湖的兴起

关于保障湖的走向兴盛，楼庆西《中国古代建筑二十讲》这样指出：

> 18世纪中叶时，清乾隆皇帝六下江南，遍游名山名园，江南掀起造园热潮。扬州盐商为了求得乾隆的御宠，凭借自身的雄厚财力，在扬州建了庞大的瘦西湖园林区，自城北天宁寺至平山堂，两岸楼台亭馆连绵不断，形成一条水上园林带。

大致情况确是如此，这与扬州经济的发展和城市地位的提高有紧密的关系。明末清初，由于较长时间的全国大规模战争，大量民众流离失所，生产设施遭到极大破坏。扬州一带，灾荒不断，人民温饱尚不可得，哪里谈得上繁荣。康熙以还，采取了一系列减免田赋、开垦荒田、摊丁入亩与治理河道以利灌溉和交通等措施，社会经济有了显著恢复，乾隆时达到鼎盛。当时的扬州富渔盐之利，居交通冲要，是我国中部各省食盐供应的基地和南漕北运的咽喉，逐步发展为全国著名的商业城市。特别是盐业，两淮是最大的盐区，两淮盐业的活动中心在扬州，盐业遂成为促进扬州商业繁荣的一大因素，出现了盐商这一特殊的阶层。

　　两淮一带"煮盐之场较多,食盐之口较众,销盐之界较广,故曰利最夥也"。扬州盐税与清政府的财政收入关系很大;"损益盈虚,动关国计"。乾隆时,两淮每年的赋税占全国商业总税收的一半,其中主要是盐税。据有关统计,顺治年间,全国盐税收入仅50余万两,乾隆十八年(1753年)已达700万两以上,其中两淮盐税占了很大的比重。正因如此,清政府对扬州盐务十分重视,派在这里的两淮巡盐御史(盐政)、两淮盐运使,都是选亲信要员充任,如康熙皇帝的亲信、《红楼梦》作者曹雪芹的祖父曹寅和舅父李煦,曾一年一度轮流担任两淮巡盐御史。两淮盐运司因职权重、任务繁,更设十九房承办公事,所以当时人称"书吏之冗,莫过于两淮运司衙门;公事之杂,亦莫过于两淮运司衙门"。说明当时扬州盐务之繁忙。

　　盐商们的财富是惊人的。当时住在扬州的盐商,"富者以千万计","百万以下者,皆谓之小商",成为垄断专利的全国最大商业资本之一。扬州的盐商以徽州人为多。民国时编的《歙县志》说:"两淮八总商,邑人恒占其四。""总商占了一半,不在总商之列的,人数更多,从而成为庞大的徽商集团,徽商在扬州活动最早,根基也最深,非其他地方商人可比。""徽人在扬州最早,考其时代,当在有明中叶,故扬州之盛,实徽商开之,扬,盖徽商殖民地也。故徽郡大姓,如汪、程、江、洪、潘、郑、黄、许诸氏莫不有之,大略皆因流寓而著籍者也。"就是说,有些徽州大姓已落籍扬州了。徽商经营的不仅是盐,还有茶叶、木材、典当等业,但在扬州,主要是业盐,徽商几乎成为盐商的代称,其致富人数之多、财富之巨大,亦为他商所不可比拟。其中固然也有大官僚利用扬州徽商以业盐牟利的,如康熙年间,刑部尚书徐学乾曾把十万两银子交给大盐商项景元从事投机贸易活动。这个项景元很有实力,康熙四十四年(1705年)南巡扬州时,还破格受到接见。另一个扬州大盐商安麓村,是大学士明珠家仆的儿子,后台很大。不过这些只是少数。

　　盐商的大量钱财,用于扩大再生产的不多,这一方面是他们还不可能意识到扩大再生产对资本积累的重要性;另一方面是因为在闭关自守的情况下,也没有先进产业需要大量资金的投入。所以他们财富的流向,一是购买田地,作为固定资产;二是报效朝廷,谋求更好的地位;三就是供自己挥霍浪费。同时也应该指出的是,盐商大多文化素质较高,有"儒贾"气,不少盐商肯把手中的资财用于文化事业。应该说,盐商对清代扬州文化贡献不小,有些人物和活动已成为扬州文化史上不可缺的一页。

盐商对朝廷财政上的困难和特需费用,从来都是不遗余力地支持。康熙时因治河经费不足,扬州盐商"集众输银三百万两以佐工需"。乾隆时镇压台湾林爽文起事,扬州盐商江广达自动捐银二百万两,"以备犒赏"。嘉庆年间,镇压川陕白莲教起事,因军饷匮乏,扬州盐商鲍漱芳积极向朝廷"输饷",并因此获得了盐运使的头衔。

盐商在皇帝身上,更是不惜工本。乾隆十六年(1751年)首次南巡,扬州盐商捐二十万两银子为之修葺行宫(当为三汊河塔湾行宫)。另一次乾隆南巡(应为第三次)过扬州,游大虹园时,指着一处秀丽的景色对侍从说:"这里很像京里的'琼岛春阴'(即北海),可惜就少一座白塔!"八大总商之一的江春听到这个信息,花了一万两银子买动皇帝的侍从,得到了白塔大致的图样,立即"鸠工庀材,一夜而成"。第二天乾隆再次游园,见到白塔,大为惊异,以为是假的,到面前一看,果然是砖石所成,皇帝不得不吃惊地说:"盐商之财力伟哉!"这就是至今还屹立在瘦西湖莲性寺里面的那座白塔。一夜而成,不免夸张,可能的情况是乾隆来时没有,待南巡回京再过这里,已是一塔高耸了。扬州人传说这个塔最初是用盐堆成的,后来才改为砖砌。传说也有一定的道理,盐商的钱来自盐,说塔用盐堆成的,无异于是说用钱堆成的。所以皇帝说"盐商之财力伟哉!"正是这个江春,"高宗六巡江南,春扫除宿戒,懋著劳绩,自锡加级外,拜恩尤渥,不可殚述"。他做总商达四十多年,还有布政使秩衔,和他的这些行动关系很大。

史学家邓之诚先生说:"康、乾南巡,供张营建,所费不赀,及平日贡献报效,一皆责之于商,而商则挪移国课,以博欢心。"以博欢心,正是为了维护他们自身的利益。

在这样的背景下,保障湖走向了它的兴盛。然而也不是一次到位的。乾隆十五年(1750年)准备次年的首次南巡,这年的十一月,总理行营五大臣和硕亲王允禄等奏请南巡随从官兵及马匹、船只安排情况,其中一项提到,由徐家渡至直隶厂,由小五台至平山、高旻寺,由苏州至灵岩、邓尉、虎丘等地,非紧要差使(指随行人员),俱留于舟次,约需备马4000匹。这里的备马4000匹是指上述全程而言,并非专指一地。应该注意的是,在扬州由小五台至平山堂、高旻寺,是骑马走的旱路,湖上并未多作逗留,更无所谓湖上游览线可言。这次扬州的大动作,一是为准备迎驾,巡盐御史吉庆重疏浚了一次河道;一是盐商捐资二十万两,重修三汊河高旻寺行宫,又在平山堂植梅万株,以供观赏,还购置了无数珍物古玩。

对盐商的"踊跃急公,捐输报效",乾隆特予嘉奖,各按商人本身职衔加顶戴一顶,特准"两淮纲盐食盐于定额外,每引赏加十觔(斤),不在原定成本之内,俾得永远需受实惠"。这就激起了盐商的"报效"热情。

保障湖真正成为一处湖上园林风景带,应在乾隆二十二年至三十年(1757—1765年)之间。乾隆二十二年,乾隆第二次南巡,保障湖上已完成了几项大规模的建筑工程。

于保障湖的起点建成了天宁寺行宫。天宁寺是一座宏大古刹,有寺庙园林小景多处,行宫即建于园内。紧靠行宫的湖岸边设御码头,以供泛舟巡游。为使不便于逛街的皇帝能一睹扬州的繁盛,特在行宫上岸及沿湖下岸设上下买卖街(今称丰乐上下街),百货云集,诸艺杂呈,俨然一处商业闹市,供皇上及百官观览。自此以后,乾隆南巡过扬州,均驻跸于此。

图2-4 扬州行宫名胜全图

开莲花埂新河。此河即今横跨五亭桥的一段,一直延伸到平山堂脚下,由巡盐御史高恒主持挑浚。这不仅开了一条新河,而且使被曹寅称之为"丈八沟"、袁枚形容为"阔不过二丈许"的保障湖顿时开阔起来,湖水盈盈,碧波荡漾,气象迥异于以往。从此,游船可自御码头直达平山堂。

于莲花埂新河上造莲花桥,即今天所说的五亭桥,亦由高恒主建。桥身结构复杂,工程甚巨。桥长十余丈,高约三丈,由12大块青石砌成桥墩,以花岗石构成桥身,三种不同的券洞联成拱卷形,计十五孔。桥平面为"十十"字形,桥上建五亭。当时的五亭和今天所见的五亭不大相同,乃是圆形不相连接的五座亭子。整座桥造型优美,稳重大方,是我国桥梁史上极具创造性的独特之作。著名桥梁专家茅以升曾有评价:中国最古老的桥是赵州桥,最壮美的桥是卢沟桥,最秀气、最具有艺术代表性的桥就是扬州五亭桥。因系建在莲花梗新河上,故名莲花桥,这和亭子的造型并无关系。有种较普遍的传说,每逢月圆之夜,十五个桥洞各倒映着一轮明月,煞是奇特,其实这是不可能的。但看月最好,却是事实。

于湖边浅地堆积成"梅岭春深",即今天所说的小金山。此系盐商程志铨所构,费工二十万,三年未能堆成,后来编成木排,在木排上堆土,方成丘岭。岭上遍植梅花,高下分布亭馆,故取此名。其后加以扩展,点缀更多,益增其盛。

以上建造,加上此前已经存在的红桥西岸的冶春园、莲性寺以东的东园、"梅岭春深"后早先建筑的卜氏园和员氏园、平山堂一段水道西岸的筱园,相互映带,已略具湖山之胜。

从乾隆二十七年(1762 年)、三十年(1765 年)第三、第四次南巡时,乾隆皇帝在扬州的游踪来看,保障湖上园林景点大备,达到了它的极盛时期。

这时保障湖已经形成了所谓二十四景:卷石洞天、西园曲水、红桥揽胜、冶春诗社、长堤春柳、荷浦熏风、碧玉交流、四桥烟雨、春台明月、白塔晴云、三过留踪、蜀冈晚照、万松叠翠、花屿双泉、双峰云栈、山亭野眺、碧水红霞、绿稻香来、竹楼小市、平冈艳雪、绿杨城郭、香海慈云、梅岭春深、水云胜概。此时的红桥亦在乾隆初改筑的石桥上加盖桥亭,称作"虹桥"。"两堤花柳全依水,一路楼台直到山",组成了绵延不断的湖上风景线。

以上诸景,有的一园为一景,有的若干园为一景,情况不一。由于大多已不存在,一一介绍很难具体,现就乾隆巡幸过的园林做些介绍。

红桥修禊(旧址在今扬州大学瘦西湖校区东隅)为盐商洪征治建,俗称大洪园。园傍西城濠,三面临河,南向,北面即"红桥修禊"。有"领芳轩",轩前牡丹最盛。西南为"饯春馆",遍植芍药,湖山环绕。向南,有台宏敞,堂后东偏有楼,修竹丛桂,曲廊洞房,占一园之胜。此部分即王士禛修禊活动处。园内另一部分为"柳湖春泛"。乾隆二十七年游此园,赐名"倚虹园",并御书匾额,又赐"柳拖弱缕学垂手,梅展芳姿初试嚬"联及御书王维"明月松间照,清泉石上流"诗联。乾隆三十年又过倚虹园,赐御书"致佳楼"匾额并"花木正佳二月景,人家疑近五陵溪"联,又赐御临黄庭坚书《寒山子庞居士诗卷》一轴。乾隆四十五年(1780年)再至,题七言律诗一首,赐御临怀素草书《千字文》一卷。

荷浦熏风(旧址在虹桥东岸)位于保障湖最宽处,盐商江春重加修浚。遍植荷花,莲叶田田,一望无际。花开时节,奇葩异色,香传四野。有楼台亭阁随地势委宛,历落其间。乾隆二十七年游此,御书赐"净香园"额。乾隆三十年再至,赐御书"怡性台"额。乾隆四十五年复来游。与"净香园"相接,有"青琅玕馆",为江春别业。

四桥烟雨(旧址在今"四桥烟雨楼"东南一带)为盐商黄履暹别业。因保障湖上虹桥、春波桥在其南,长春桥在其北,莲花桥在其西,故名"四桥烟雨"。有"涟漪阁"、"锦镜阁"诸胜。乾隆二十七年,乾隆皇帝来游,御书赐名"趣园"。乾隆四十五年又至。

石壁流淙(旧址在今瘦西湖北区东岸)为盐商徐士业家园。园前面河,后依石壁,水面有沙屿可通者曰"小方壶",并石而起者为"花潭竹屿"、"莳玉居"、"静香书屋"、"清妍室"、"阆风台",最后为"曲室"。乾隆三十年来游,赐名"水竹居"。居后有轩,赐名"静照轩",皆御书匾额。

以上只是就少数园林谈其大略,远不能窥其全貌。保障湖上的园林,不在其数量之多,而在其设计构造之精,试以上面提到的"水竹居"里的"静照轩"为例。李斗《扬州画舫录》卷十四云:

　　静照轩东隅,有门狭束而入,得屋一间,可容二三人。壁间挂梅道人山水长幅,推之则门也。门中又得屋一间,窗外多风竹声。中有小飞罩,罩中小棹,信手摸之而开,入竹间阁子。一窗翠雨,着须而凝。中置圆几,半嵌壁中。移几而入,虚室渐小,设竹榻,榻旁一架古书,缥湘零乱,近视之,乃西洋画也。由画中入,步步幽邃,扉开月入,纸响风来。中置小座，游人可憩。旁有小书橱，开之则门也。门中石径逶迤，小水清浅，短墙横绝，溪声遥闻，似墙外当有佳境，而莫自入也。向导者指画其际，有门自开，粗险之石，穿池而出，长廊架其上，额曰："水竹居"。阶下小池半亩，泉如溅珠，高可逾屋。溪曲引流，随云而去。池旁石洞逼仄，可接楼西山翠，而游者终未之深入也。

作为一个园子的局部，竟这样曲折精巧，层层深入，好景无穷，不得不叫人称绝。有人甚至以为曹雪芹在《红楼梦》中所写大观园里的怡红院，就是拿它作蓝本的。这种说法查无实据，因在这之前，《红楼梦》中的大观园已经"建"好了。但优美的扬州园林为后来的文学作品提供了借鉴，不是不可能的。由此可见，扬州园林艺术在当时已达到一个很高的水平了。

无怪乎乾隆看了盐商的这些园林后，深有感触地说："扬州盐商，拥有厚资，其居室园囿，无不华丽崇焕。"保障湖的盛时风光，今天写来不可能有当时人亲见的真切。沈三白在《浮生六记·浪游记快》中有精彩的描写：

> 癸卯(1783)春，余从思斋先生就维扬之聘，始见金、焦面目。金山宜远观，焦山宜近视。惜余往来其间，未尝登眺。渡江而北，渔洋所谓"绿杨城郭是扬州"一语，已活现矣！平山堂离城约三四里，行其途有八九里，虽全是人工，而奇思幻想，点缀天然，即阆苑瑶池、琼楼玉宇，谅不过此。其妙处在十余家之园亭，合而为一，联络至山，气势俱贯。其最难位置处，出城八景，有一里许紧沿城郭。夫城缀于旷远重山间，方可入画。园林有此，蠢笨绝伦。而观其或亭或台，或墙或石，或竹或树，半隐半露间，使游人不觉其触目，此非胸有丘壑者断难下手。城尽，以虹园为首，折而向北，有石梁曰"虹桥"。不知园以桥名乎？桥以园名乎？荡舟过，曰"长堤春柳"。此景不缀城脚而缀于此，更见布置之妙。再折而西，垒土立庙，曰"小金山"。有此一挡，便觉气势紧凑，亦非俗笔。闻此地本沙土，屡筑不成，用木排若干，层叠加土，费数万金乃成。若非商家，乌能如是。过此有胜概楼，年年观竞渡于此。河面较宽，南北跨一莲花桥，桥门

通八面,桥面设五亭,扬人呼为"四盘一暖锅"。此思穷力竭之为,不甚可取。桥南有莲心寺,寺中突起喇嘛白塔,金顶璎珞,高矗云霄,殿角红墙,松柏掩映,钟磬时闻,此天下园亭所未有者。过桥见三层高阁,画栋飞檐,五彩绚烂,叠以太湖石,围以白石栏,名曰"五云多处",如作文中间之大结构也。过此,名"蜀冈朝阳",平坦无奇,且属附会。将及山,河面渐束,堆土植竹树,作四五曲,似已山穷水尽,而忽豁然开朗,平山之万松林已列于前矣。

图2-5　二十四桥

文中对莲花桥似有微词,原因是前面提到的,桥上乃五座互不相接的圆亭,与桥身相比,有头轻脚重之感,远不如今天的稳健协调。不论如何,此段文字可为兴盛的保障湖作一收结了。

被乾隆称赏为"广陵繁华今胜昔"的景况引起了一些文人的感慨。当时有杭州诗人汪沆(1704—1784),写有《红桥修禊词同闵莲峰、王载扬、齐次风作》三首,其一云:

垂杨不断接残芜,雁齿虹桥俨画图。
也是销金一锅子,故应唤作瘦西湖。

作者是杭州人,又曾参与分修《浙江总志》和《西湖志》,对杭州是非常清楚的,这里将眼前的扬州保障湖与杭州西湖作了对比。杭州西湖曾有"销金锅儿"之称,南宋周密在《武林旧事·西湖游赏》条中说:

> 西湖天下景,朝昏晴雨,四序总宜,杭人亦无时而不游,而春游特盛焉。……贵珰要地,大贾豪民,买笑千金,呼卢百万,以至痴儿呆子,密约幽期,无不在焉。日糜千金,靡有纪极。故杭谚有"销金锅儿"之号,此语不为过也。

这是说的南宋时杭州西湖的情况。再看看清代中叶扬州的保障湖,情况又何尝不是如此。尽管两处景色不同,一是汪洋明快(胖),一是曲折深幽(瘦),但作为"日糜千金,靡有纪极"(用钱没有底)的"销金锅儿"(溶化金银的坩埚),却惊人地相似,用今天的话说,即是有多少钱都能消费掉。所以诗人写出了"也是销金一锅子,故应唤作瘦西湖"的诗句。其实瘦西湖之名最早出现在清初诗人吴绮的《扬州鼓吹词序》:"城北一水通平山堂,名瘦西湖,本名保障湖。"

诗人写诗,只是打比喻,并非要给保障湖更名。但渐渐地,人们把"瘦"当"秀"字来理解,认为它道出了保障湖最惹人的特色。到晚清时候,便约定俗成地成了正式名称,保障湖反不为人所知了。

四、瘦西湖的沧桑

乾隆三十年前后,瘦西湖上的园林极盛,名播遐迩。然而好景不长,不过几十年时间,就有了沧桑之变。

钱咏《履园丛话》卷二十"平山堂"条云:

> 扬州之平山堂,余于乾隆五十二年始到。其时九峰园、倚虹园、筱园、西园曲水、小金山、尺五楼诸处,自天宁门外起直到淮南(东)第一观,

楼台掩映,朱碧新鲜,宛如赵千里仙山楼阁中。今隔三十余年,几成瓦砾场,非复旧时光景矣。……抚今追昔,恍如一梦。

乾隆五十二年(1787年)加上三十余年,当在嘉庆二十四年、二十五年间(1819—1820年)。

阮元《扬州画舫录》道光十四年(1834年)跋云:

> 嘉庆八年(1803)过扬与旧友为平山堂之会,此后渐衰,楼台倾毁,花木凋零。嘉庆二十四年(1819)过扬州……近十余年间荒芜更甚。

金安清《水窗春呓》卷下"扬州名胜"条云:

> 扬州则全以园林亭榭擅长,虽全由人工,而匠心灵构。城北七八里,夹岸楼舫,无一同者。……嘉庆一朝二十五年,已渐颓废。

钱咏与阮元为同时人,都经历了乾隆、嘉庆、道光三朝,金安清主要生活在道光年间。他们都是瘦西湖园林的亲历者。在他们笔下,嘉庆二十年(1815年)以后,瘦西湖上的园林不是"几成瓦砾场",就是"荒芜更甚"或"已渐颓废",远非昔时光景。到道光时更为严重,阮元《扬州画舫录》道光十九年(1839年)跋云:

> 自《画舫录》成,又四十余年,书中楼台亭馆,仅有存者。大约有僧守者,如小金山、桃花庵、法海寺、平山堂尚存,凡商家园丁管者皆废,今止存尺五楼一家矣。

《扬州画舫录》成书于乾隆六十年(1795年),"又四十余年",即作跋的道光十九年(1839年)左右,除了由僧人管理的类似公共的宗教园林尚存,盐商的私家园林都荒废了,仅尺五楼是唯一的例外。

　　这种兴得快衰得也快的现象,原因是多方面的。从远处说,在乾隆时就种下了根。有人说乾隆的六次南巡造成了清朝的衰败,未免言之过甚。但六次南巡耗费了大量的财力物力,助长了社会上的浮华颓废之风,自是不争的事实。乾隆晚年也不得不承认"朕御临天下六十年,并无失德,惟六次南巡,劳民伤财,实为无益有害"。其实,最坏的是滋长了官场的腐败。乾隆时期,最重大的贪污案之一"两淮盐引案",即与扬州的南巡接驾事件有关。案发于乾隆三十三年(1768年),经查自乾隆十一年(1746年)起,历任两淮盐政以备办乾隆南巡为由,每盐引私自提取三两盐引银。至被揭露时的二十余年间,累计提取1200万两白银,除用于公务的467万两以外,其余皆隐匿不报。乾隆二十二年(1757年)任两淮盐政的是乾隆慧贤皇贵妃高佳氏的哥哥高恒,就是开莲花埂新河、造莲花桥的那一位。乾隆三十一年至三十三年(1766—1768年)任两淮盐政的是普福。这段时期是贪污最严重的时期。据刑部和军机大臣鞫讯证实:"高恒、普福侵蚀盐引余息,高恒收受银32000两,普福私销18800余两。"另据总商供称,累计送给高恒135900两。乾隆断然处死了高恒和普福,并籍没了他们的财产。当时受到牵连的,还有在王渔洋之后修禊虹桥的两淮盐运使卢雅雨,被处以绞刑,未执行前死于狱中。这一惊动朝野的贪污大案,是两淮盐政尤拔世上奏揭发的,其私下原因,乃是他向盐商索贿不果,采取了如此的报复行动。

　　此案涉及几任两淮盐政和众多盐商。盐商们不可逃脱的罪责是"将官帑视为己资","有心结纳,于中取利",除受到不同处分外,还因高恒的亏欠,追缴银10141769两6钱,普福的赔款银42857两也要由盐商均摊。接驾的背后有如此黑幕,即使皇帝不知也难辞其咎。这对盐商是沉重的打击,直接影响到此后的盐业经营以至生活的排场,包括园林的营建与维修。

　　到嘉庆、道光期间,由于闭关自守造成的故步自封、积贫积弱和外国资本主义的侵凌,国势日益衰颓。加上运河阻滞,海运渐兴,扬州失去了原有的优势。朝廷屡屡抄没盐商的资产以抵积欠税课,使盐商难以立足;盐纲的改革又使盐商无利可图,曾经显赫一时的扬州盐商自此一落千丈。阮元在前面提到的《扬州画舫录》跋中指出"且扬州以盐为业,而造园旧商家多歇业贫散"。

又说"园丁因偶坏欹者,鸣之于商,商之旧家或易姓,或贫,无以应之。木瓦继而折坠者,丁即卖其木瓦,官商不能禁。丁知不禁也,虽不折坠亦拽拆之"。这也难怪,"吏仆佣贩皆不能糊其口",拆园卖屋就是唯一的生活来源,好端端的偌大园林,就这样拆卖成一片废墟。龚自珍在《己亥六月过扬州记》中就说,有人告诉他,今日之扬州,读鲍照《芜湖赋》,则遇之矣。而他乘舟吊蜀冈,"舟人时时指两岸曰'某园故址也','某家酒肆故址也',约七八处"。己亥年为道光十九年(1839年),也就是阮元写《画舫录》第二跋的那一年。从这里折射出当时清王朝的风雨飘摇之势。

还应该一提的是,有些园林之所以容易损坏,还有建筑材料与结构上的原因。因为急于求成,采用"档子法",造成一些"装点园林"。周维权先生在《中国古典园林史》中谈到当时瘦西湖的情况时说:"这类装点园林均采'档子法',围墙用竹树藩篱及蒲包临时堆砌,以假乱真,犹如舞台布景。因此,皇帝停止南巡后,很快就坍废了。"

这之后,还有更大的破坏。稍微涉猎一下有关扬州的文献就会发现,扬州许多园林都注明毁于"咸丰间"。这个"咸丰间"即是太平天国期间。太平军进入南京后,曾于1853年4月、1856年4月、1858年10月三次攻入扬州,在进进出出的激烈战斗中,太平军"按城势,使焚西北门,筑垒于东虹桥、法海寺凡数十",西北部的瘦西湖至蜀冈一带遂沦为战场。此前倾圮的只是些私家园林,这时连原有僧人驻守而能保存下来的尺五楼、小金山、桃花庵、法海寺、平山堂等公共性质的园林一概毁于兵火,成为瓦砾之场。莲花桥上的五座亭子全被毁去,只剩下十五个桥拱撑着光秃秃的残损桥面。人们现在还能看到事后留下的没有亭子的莲花桥画幅,就是当时实景的写照。经过这次反复的战争破坏,在相当长一段时间内,瘦西湖满目荒芜。

太平天国运动结束后,有一段相对稳定的时间,社会经济包括盐业得到一定程度的恢复和发展,史称"同光中兴"。这个"中兴"当然远不能和康乾盛世比,但也算得落日下的最后一线余晖了。这时,扬州一些人士咸以恢复名胜为急务。适值安徽定远人方浚颐(1815—1889)任两淮盐运使。方氏是诗人,诗学王渔洋,上溯杜甫、韩愈、苏轼,"巨篇连章,横翔而拙出"。他有王渔洋之风,在扬州倡导风雅,以振新文物名胜为己任。在他的主持下,或捐款,或集资,先后修复了平山堂、谷林堂、洛春堂、平远楼诸名迹。又于长春桥东岸建三贤祠,以祀欧阳修、苏轼、王士禛三位与扬州关系甚大的先贤[按:乾隆乙亥(1755年),卢雅雨曾于二十四桥旁筱园的"春雨阁"中祀欧阳修、苏轼、王士禛,为最早之三贤祠],祠内设冶春诗社,时与名士唱诗湖上。与此同时,小金山、功德山、莲花桥、法海寺诸胜景也渐次得以兴建。如小金山原有之梅岭春深、风亭、月观、湖上草堂、绿荫馆、吹台等旧景重建,面貌一新。所有楹联,或仍其旧,或新书新制,意味隽永。扬州耆宿陈重庆题月观联云:"今月古月,皓魄一轮,把酒问青天,好悟沧桑小劫;长桥短桥,画栏六曲,移舟泊烟渚,可堪风柳多情。"却是道出了劫后沧桑之感。法海寺(莲性寺)则"光绪中叶初建山门一进,复建云山阁五楹,并重饰白塔。阁临湖,面湖处以五色玻璃为窗,开窗可览全湖之胜,莲花桥亦如在几下"。莲花桥亦重加修葺(似修建了简单的五亭,日本人青木正儿1902年写的《江南春》里,朱自清先生1929年写的《扬州的夏日》里,都提到桥上有五亭,应予注意)。此时的瘦西湖,经过一番修整,又成为一处风光旖旎的游览胜区,为远近的人们所称道。清末惺庵居士黄鼎铭《望江南百调》有几则云:

> 扬州好,入画小金山。亭榭高低风月胜,柳桃错杂水波环。此地即仙寰。
>
> 扬州好,法海寺闲游。湖上虚堂开对岸,水边团塔映中流。留客烂猪头。
>
> 扬州好,高跨五亭桥。面面青波涵月镜,头头空洞过云桡。夜听玉人箫。
>
> 扬州好,祠祀重三贤。风雅一堂同轨辙,雪泥数处证因缘。蘋河傍桑田。

词中所写的即是这一时期的瘦西湖光景,还是很令人向往的。顺便说一句,词中提到"留客烂猪头",当时法海寺确以烧猪头出名。《扬州览胜录》说:"光绪间,寺僧精烹饪之技,尤以蒸彘首(猪头)名于时。当时郡人泛舟湖上者,往往宴宾于云山阁,专啖僧之彘首,咸称别有风味,至今父老尤能言之。"这一特色佳肴大概风行了好长一段时间。朱自清先生于 1929 年写的《扬州的夏日》中也说:"法海寺著名的自然是这个塔,但还有一桩,你们猜不着,就是红烧猪头。"可见风行之远。这也可算是瘦西湖上的不同凡俗之处。据说后来法海寺成为禅宗丛林高旻寺的下院(附属寺院),来果禅师整肃清规,清理僧侣,才禁断了红烧猪头的生涯。

图 2-6　春波桥

民国以后,瘦西湖仍陆续有所兴修,其重要者有:

民国四年(1915 年),郡中有人于虹桥西岸原桃花坞旧址建立徐园,纪念军阀徐宝山。

徐宝山是一个很复杂的人物。徐宝山字怀礼,江苏丹徒(今镇江)人。自小闯荡江湖,曾依附地方枭魁贩私盐为生,以勇悍名闻远近,人称"徐老虎"。后独立门户,立"春宝堂",成为长江下游出名的会党首领和盐枭。清两江总督刘坤一诱以功名利禄,徐宝山遂被招抚,任缉私营管带,后升巡防营帮统。武昌起义爆发,徐宝山受其亲戚、革命党人李竟成的策动,率部响应革命,参与了"光复"镇江之役,后应扬州绅商之请,"光复"了扬州,任扬州军政府军政长，继又"光复"了苏北一些城市，一时很有些声望。袁世凯上台后，为了扩展在南方的势力，重金收买地方实力派，徐宝山遂投靠了袁世凯，被其任为军长。徐宝山控制着扬州、镇江地区，扼守长江和京沪通道，对革命党人讨袁极为不利，1913 年 5 月，徐宝山在扬州被革命党人炸死。

对这样一个人，扬州人为什么要纪念他，也有其特殊的历史背景。清史专家萧一山在《清代通史》中说："徐宝山虽然枭悍成性，颇富民族思想，一经游说，欣然来投……并令兼扬州军政分府，镇军辖区，兼及维扬焉。"即是说他扩大了光复范围。国民政府要员李根源在 1926 年写的《扬州游记》中说："扬绅撰刻碑云：'维持扬城治安'。夫维持治安，乃军人应有之责。宝山竟享兹崇祠，足见能维持治安者之少也。"即是说他对维持扬州治安是有功的。这就是他受到纪念的原因。

徐园的建立，为扬州增添了一处颇堪玩味的景点。民国时人王振世在《扬州览胜录》中有以下描述：

> 园门面南，门首石额草书"徐园"二字，为江都吉孝廉亮工笔（按：吉亮工自号凤先生，为当时扬州著名书法家）。园门内有大荷池，池之四周叠以太湖石，并环植桃柳。池东有小板桥一，与湖水通，以时启闭。面南为餐堂三楹……餐堂西，面东有客厅三楹……循客厅而西，由小门入，有精室三楹，所谓"冶春后社"者是也。社前长松参天，怪石当路。对面回廊突起……循廊而西，小门外矮屋三间……屋外老树扶疏，雅有林峦景致，古梅十余本，春时着花，暗香四溢，桃李之属相间成林。面南船厅三楹，游人觞客多在此间。……船厅西有长廊一道，极曲折之致。廊尽处为廊之后门……后门东亦为花圃，对岸则为小金山之湖心寺。

如此小中求大，历落有致，令人赞叹。至今仍完整保持这样的规模格局。还应提起的是，餐堂（今听鹏馆）前有大铁镬二，径六七尺，高约四尺，厚三四寸，重逾千斤，系从扬州他处移来的，传为古代治水之物（即防止水流冲击的下沉物）。此时植荷藕于镬内，夏日莲叶临风，莲花玉立，形成一大盆景奇观。

园门南向的西岸上，还筑起修长的"长堤春柳"一段，也是一大景观。

民国十年（1921年），扬州耆宿陈重庆之子陈臣朔，在瘦西湖建了一座别业"凫庄"。凫庄在法海寺前莲花桥侧离边岸不远的湖中小洲上，有可启闭的朱栏曲桥以通进出。凫庄面积不大，设计得紧密而精巧。临湖西南有敞厅三间，厅前上种杨柳，下栽莲荷，最宜夏日纳凉。厅之后怪石兀立，颇擅花木之胜。于庄北临湖处筑水阁数间，最宜临流把钓。庄西北角建有水阁，可以登临放眼观湖。小阁之侧仿南海普陀山观音跳之意，塑观音大士像立于水滨（后此像移入法海寺内）。当时这里常有文酒之会，现在仍是瘦西湖上一处美好而别致的景点。

民国十九年（1930年），邑人王茂如于虹桥东岸原"净香园"故址（今为虹桥坊一带）募建"熊园"，纪念辛亥革命烈士熊成基。

熊成基（1887—1910），字味根，扬州人。光绪三十一年（1905年）就学于江南炮兵学堂，毕业后调安庆炮营任营官，加入了光复会，积极从事反清革命活动。1908年10月，清廷以陆军右侍郎荫昌与两江总督端方为阅兵大臣，在安庆太湖县举行江南省新军秋操，熊成基乘此机会组织同志于26日晚起义。起义由于行动仓促、协调不济而失败。熊成基逃出安徽，东渡日本。他在日本钻研军事和制造炸弹的技术，为革命做准备。此时认识了主持同盟会本部工作的黄兴，加入了同盟会。回国后开展革命活动，被人告密出卖，1910年1月30日被捕，2月英勇就义。熊成基在"供词"中说道："譬如草木，不得雨露，必不能发达。我们之自由树，不得多血灌溉之，又焉能期茂盛！我今早死一日，我们之自由树早得一日鲜血，早得血一日，则早茂盛一日，花朵早放一日，故我现望速死也。"表现出无畏的勇气和坚定的信念。

这样的英雄志士当然值得永久纪念，扬州人也乐于捐助。熊园比较朴质，无多少特殊的建筑，但依地势高低筑起一带围墙，参差起伏，富有意趣。墙外东岸亦筑"长堤春柳"一段，与对岸隔湖相映。附近的汀屿上环植梅花、松柏、杨柳、桃李之类，色彩明丽，瘦西湖平添一景。

民国十八年至二十年间（1929—1931年），莲花桥上的五个亭子相继倒塌。民间二十一年（1932年）成立了扬州风景管理委员会主持修建事宜，由扬州乡绅名流集资 9700 余金（银花），历时一年有余落成。这次对桥亭的设计颇费匠心，亭为方形，中一亭较高，南北各二亭略低，五亭翼然而又交错相接，浑然一体，遮覆整个桥面，其厚重开阔的风格与稳重舒展的桥身非常协调。亭顶取扬州旧城颓坏之"皇宫"的黄色琉璃瓦为盖，"金碧丹青，备极华丽，五

图 2 - 7　1930 年的五亭桥

亭四角系以金铃，风来泠然有声，清响可听"。今天所见的莲花桥上的五亭，屡有修葺，其结构和造型一直保持未变，乃至成为扬州的一大显著标志。

　　五亭落成，扬州文化名人陈含光撰有《五亭桥铭》，勒石立于桥上。在扬州的国民党元老人物王柏龄亦有《重建扬州五亭桥记》。

　　还可以一提的是，扬州人叶秀峰于民国十三年至十六年间（1924—1927年）在虹桥西岸"长堤春柳"西边的土阜上，造了一处"叶林"（叶园），占地数十亩，植树千株，成为瘦西湖上的一处植物园。

　　这时瘦西湖上的风光，易君左在《闲话扬州·扬州风景》（上）中，有很好的概括：

　　　　你出广储门、天宁门或北门，一直到平山堂，这沿途风景好像一根线上穿的一串珍珠，粒粒都圆润透亮，宝光四射！平山堂离城不过五里，在这短短的五里中间，随处都是各自不同的景致，使你留连不忍卒去！珍珠一串分开来是一粒一粒的，而这一粒一粒本身上都有价值，扬州的风景是连贯的，而分开来说，一处一处的风景一样的有价值。你是公务人员，每天下午五时下了办公时间以后，尽可从从容容雇一叶扁舟或坐车或走路游赏你心里所爱到之处，舒舒服服的回来！

　　介绍这时期瘦西湖整个景点的，当推王振世的《扬州览胜录》。此书计分七卷。以城市方位为纲，涉及瘦西湖者，卷一北郊录（上）、卷二北郊录（下）有

瘦西湖画舫停泊处、绿杨城郭旧址、西园曲水、四桥烟雨故址、高咏楼故址、尺五楼故址、水竹居故址、篠园故址、万松叠翠故址、白塔晴云故址、锦泉花屿故址、双峰云栈故址，等等。书中所记对今天瘦西湖景点的恢复和扩展有很大的参考价值。

可惜没有能持续多久，瘦西湖和整个扬州城一样，陷入了阴霾和萧条之中。已故历史和文献学家谢国桢先生于扬州刚解放时来此，写有一篇《扬州游记》，其中写瘦西湖的部分，很能说明当时的情况：

　　我们洗过面后，就到富春去吃茶，随便吃了些包饺，便走出了福运门（按：应为天宁门），过了板桥，在河边的土坡上雇了一只瓜皮艇子。下得船来，信风荡漾着往前走。这正是中秋初过，草木未凋的时候，城根河边，一排青翠的杨柳，手续拂水掠影，非常的蔚茂，不愧称为绿杨城郭。转了几个弯子，就是有名的红桥，船从红桥底下穿过去，经过了小金山，远望着五亭桥，金碧辉煌，浮在水面。可是隋堤上的杨柳花，早被人砍了去，只剩得童童然一条长堤，再往前就是法华寺（按：应为法海寺）。过了法华寺，萍藻阻梗，鼓桨前行，便到平山堂。舍舟登岸，过了长岗，走进了平山堂，楹柱上挂着长联，上面写着是："登堂如见其人，我曾经泰岱黄河，举酒还生千古感；饮水当同此味，且莫道峨嵋太白，隔江喜看六朝山。"我们在平山堂凭眺移时，江南金焦诸山，如浮水面，历历在望，山岗上绿树环合，这无怪名做平山堂了。可惜顶好的房子，满堆了稻草，已经糟蹋得不成样子。我们信步下山，乘船到小金山游览，虽然比平山较好一点，但是也呈荒凉的样子。我们在湖上草堂小坐，水光浮照，桂子飘香。我想，在当时不知有多少浓妆艳抹的小姐们在那里游玩，现在只剩下几个野老俗僧与海鸥为盟了。这里有不少扬州旧守伊秉绶的遗墨，湖上草堂的匾额，雄伟秀丽，疏密得宜。堂上悬着墨卿隶书"白云初晴，旧雨适至；幽赏未已，高潭转清"的对联，古拙雄浑，这可以想见邗江雅集、诗酒流连的景象。我们从小金山出来，仍到原处下船，走不多远，就是史阁部祠堂，和梅花岭的衣冠墓，我们不能不进庙瞻拜。祠堂里只剩了牌位,墓门的影堂里,悬着"数点梅花亡国泪,二分明月故臣心"的对联。我急欲瞻望最有名的梅花岭,才发现阁部墓旁有一棵小树上贴了一个纸条,上面写着"仅留残梅一株岂堪再折"。我正在那里徘徊,恰遇见一位老者,便请问他为什么梅花岭上没有梅花,他老人家很和蔼地回答道:"这里本来有很多的梅花和其他的花木,江北的天气,不像江南梅花那样开得早,可是一到初春天气,梅花盛开的时候,士女如云,都来看花,既而经过这次的事变,扬州陷落,被日本鬼子斫了不少;不久,这里又驻了兵,虽然有白部长保护民族英雄煌煌的告示,但是剩余的几棵梅花树,全部斫去当柴烧了。"闻之不禁怅然。

可以说,直到新中国成立前夕,瘦西湖的状况大致如此。大好湖山,亟待重兴。

五、风光无限瘦西湖

瘦西湖终于迎来了新的春天。

新中国成立伊始,百废待兴,政府已把瘦西湖的全面修复摆上了议事日程,并逐一付诸实施。

最先恢复的是"长堤春柳",在原来数百公尺的南北长堤上,重新间隔种植了桃树和垂杨,三步一株,枝条相接,一变长期以来长堤上"柳老不吹绵"的枯寂状态。这使瘦西湖顿时散发出青春的气息,人们的耳目为之一新。长堤的中段原有一座砖构的长堤春柳亭,年久失修,既影响观瞻又不便游人,遂于1956年在原亭侧临湖另建了一座半岸半水的木结构方亭,美观且有意趣,亦可供游人小憩,长堤显得更为开朗和舒坦。

1953年以后,先后大修了法海寺白塔,修葺了徐园、小金山、莲花桥等,还于1958年发动群众疏浚了北门至莲花桥的河道。1960年又在小金山对岸即长春桥东侧新建了四桥烟雨楼,在景点布局上更有层次。至此,32.4公顷的面积,4.3公里的水面游程,呈现出多年未有的全新气象。

"文革"中,除了法海寺一度改为"收租院展览馆",一些楹联匾额遭到破坏外,大部分景点建筑未遭破坏。1972年,主要出于交通的原因,对大虹桥进行过一次翻建,主要是加长了桥身,拉平了坡度,桥面由4米拓宽为8米,人行车驶较以前便利了许多,对瘦西湖以后旅游事业的发展也有好处。

"文革"过后,立即略加修整,重点是恢复或重置了楹联匾额,使瘦西湖回复到"文革"前的文化氛围。

随着改革开放的发展,为了突显"诗画瘦西湖"的大好风光,扬州市对瘦西湖启动了一系列修葺、提升和扩展工程。

就规模较小的而言,1984年,将久已有名无实的"卷石洞天"、"西园曲水"加以重建。自新北门桥至大虹桥沿岸一带,随地势的蜿蜒高低,因地制宜,因势而用,高低起伏地依旧名建起了许多厅馆、亭台、曲廊、水榭等,掩映于或疏或密的茂林修竹之间。旧景新造,以存故实,形成了一处足供徜徉的风景点。

规模较大的有重建的二十四桥景区,这确是一项大型园林构造工程。为了和瘦西湖整个园景协调,又能融历史上众多景点于一区之内,而又无硬凑斧凿之痕,自1985年开始规划,借鉴参考了《扬州画舫录》、《乾隆南巡盛典图》(藏北京故宫博物院)等典籍,精心设计出建筑蓝图。1986年由国家和地方出资动工建造,1988年基本完成。

景区系建在原清代湖上台榭"春台祝寿"的旧址上,占地近百亩,有"望春楼"、"小李将军画本"、"熙春台"、"十字阁"、"双层廊"、"九曲桥"、"玲珑花界"诸胜迹,更建有"二十四桥"和"吹箫亭"。

这些景点,大多是清代湖上著名楼台亭阁的再现,由此可以尽情领略湖上的盛时风光。而"二十四桥"和"吹箫亭",又把人们带回到唐代扬州。

1996年,扬州市园林局征用了瘦西湖公园二十四桥景区以北湖两岸5615亩土地,兴建瘦西湖公园北区景区,开通二十四桥景区至大明寺两岸的景区,大致可视作瘦西湖复建的第三阶段。其间,复建了石壁流淙的清妍室,锦泉花屿的香雪亭,蜀冈朝旭的来春堂,万松叠翠的春流画舫,新建了梳妆台、小吹台、东西两座门厅。加上前几年建于石壁流淙的涵碧亭,这样人们不仅可从水路坐船游览到平山堂,也可以从瘦西湖东西两岸,度小径且谈且行,

图 2-8　游船如织

漫步到平山堂,圆了扬州人萦绕在心,难以拂去的旧梦,让"两堤花柳全依水,一路楼台直到山"的诗句真正成为现实。

2007 年 4 月,瘦西湖景区再次进行扩建,相继建成并开放"万花园"景区一期和二期工程。园内北面复建有湖上旧景"石壁流淙",南面有"静香书屋",与二十四桥景区相接。因地制宜,错落有致地建有以旧名题额的楼台厅馆,富有移步换景之趣。另还设有盆景博物馆。由此,瘦西湖风景名胜区域范围得到进一步拓宽,建成区占地面积达到 1173890 平方米。是为今日所见之瘦西湖风景区全貌。

对瘦西湖景区的修复建设,秉持一条基本原则,那就是忠于原貌、复建如初。整个瘦西湖复建的目标,是还原乾隆时期达到顶峰的瘦西湖景象,重现人们对瘦西湖的历史记忆。

再有大规模的举措,是瘦西湖的改水工程。为了使瘦西湖水保持一泓清澈,多年来,曾多次分期分段对河道进行疏浚,并对造成湖水污染的有关单位和排水设施加以改造,瘦西湖的水质逐年有所提高。但本着彻底解决问题的要求,近几年来加大投资力度,在历史上著名的荣荑湾建造翻水站,引运河和邵伯湖水注入瘦西湖，以源头活水不断推动湖水的更新，持久保证瘦西湖的清澈。这对瘦西湖来说，是一项具有远见的重大措施，是最有力的保护。

近年来又有新的更大的动作。一是改建了"卷石洞天"和"西园曲水"，拓展地势，更新布局，增设景点，为市民和游人提供了优美宜人的活动休憩之地。一是在蜀冈中峰与东峰之间复建了清代著名的园林景观"双峰云栈"，在继承中有创新，叠石奇巧，流泉飞瀑，气势宏伟，令人耳目一新。于瘦西湖北门外，与大明寺山麓相对，新建鉴真广场，塑像高立，形势旷远，最宜观赏徜徉。加上之前恢复的宋夹城遗址，瘦西湖旧貌换新颜，其广度与深度，远远超过以往。

1988 年，瘦西湖被公布为"国家重点风景名胜区"。

1999 年，瘦西湖风景区被评为全国文明风景旅游区示范点。

2001 年，瘦西湖被评为国家"AAAA"级旅游区。

2010 年，瘦西湖被评为国家"AAAAA"级旅游景区。

2014 年，瘦西湖与大运河一道列为世界文化遗产。

特殊的荣誉激励着瘦西湖更加与时俱进，更好地适应和满足人民日益增长的物质文化需求，更新更好的发展蓝图正在规划与实施之中。

第三章 瘦西湖景观的艺术魅力

与其他地域的自然景观绝然不同,瘦西湖景观是人工的,是从古至今,千百年来一步步地发展而来的。

扬州数度兴衰、数经战乱,使得瘦西湖这座"百园之园"历代都有兴建、损毁、修葺和更替。亭台、楼榭、寺观、花圃、山石、池沼等,历史上曾经数易其主。若是要考证园林的主人,则要以数百计;若是要计核参与造园的艺人和工匠,则要以数万计。我们今天看到的瘦西湖,亭台楼榭,格调统一,花木山石,如若天成,恰似有一位高明的大师,千百年来一直在瘦西湖上经营布置着,用他那匠心独运、穿越时空的笔,写出了一篇婉转悠扬、情酣意畅的美文。然而,历代的园主和工匠们的手中,从未听说过有一张事先规划、定好布局的设计图。如果说瘦西湖确有一张贯穿于古今的设计图的话,那就是历代扬州人的"集体意识"和"集体智慧"了。

扬州造园起源于南北朝时期,《宋书·徐湛之传》记载:"广陵……城北有陂泽,水物丰盛。湛之更起风亭、月观、吹台、琴室,果竹繁茂,花药成行。招集文士,尽游玩之适,一时之盛也。"徐湛之所营造的是一座因地制宜,亭台、冈泉、花木皆备的山水园林,地方文史学者通常都把这座园林标列为扬州见之于史籍的第一次造园。值得我们注意的,不仅是徐湛之造园的规模和种类,更在于徐湛之造园的地点和造园的目的,即徐湛之为什么不在城内造园,而是选择"有陂泽,水物丰盛"的"城北"?徐湛之的园林为什么不是私家享用,而是"招集文士,尽游玩之适"?

徐湛之造园的南北朝时期,是一个社会动荡、频遭战乱的年代。当时,文人学士中老庄哲学流行,隐逸之风大炽,其中最具代表性也最具影响力的要数晋代文学家陶渊明。陶渊明在《归园田居》中十分直白地表述了自己"隐逸山林"的思想和愿望:"少无适俗韵,性本爱丘山。误落尘网中,一去三十年。羁鸟恋旧林,池鱼思故渊。开荒南野际,守拙归园田。方宅十余亩,草屋八九间。榆柳荫后檐,桃李罗堂前。……户庭无尘杂,虚室有余闲。久在樊笼里,复得返自然。"陶渊明在另一篇名文《归去来辞》中还写道:"实迷途其未远,觉今是而昨非";"三径就荒,松菊犹存";"倚南窗以寄傲,审容膝之易安。园日涉以成趣,门虽设而常关";"登东皋以舒啸,临清流而赋诗";"抚孤松而盘桓","乐琴书以消忧"……陶渊明把当时的社会比作"尘网"和"樊笼",把"开荒南野际"、"复得返自然"看作"脱俗"。

虽说陶渊明所写的"园田居"并不是严格意义上的园林,但这种向往"郊野"、"山林",期盼"隐逸"、"余闲"、"舒啸"的"隐士"思想和"娱己"情趣,却是后世"江南宅园"造园的审美意向和精神基础。徐湛之在扬州造园是否受到陶渊明的影响,并无直接的文字记载。但他选择在"城北""有陂泽,水物丰盛"的郊野造园,并且"招集文士,尽游玩之适"的做法,显然与陶渊明"久在樊笼里,复得返自然"、"登东皋以舒啸,临清流而赋诗"的情趣是一致的。

徐湛之的造园是扬州见于史料的第一次造园活动,他采纳陶渊明的田园意识和园林审美思想用以构造园林的做法,对后世扬州人的影响是深刻而久远的。直至明清,扬州的许多园林仍是取陶渊明诗文之意来命名,如容膝园、小倦游阁、趣园、逸圃、瓢隐园、倦巢、省耕旧舍、迁隐园、寄啸山庄等。扬州园林的一些楹联也取自陶渊明的诗文,如趣园的"何曾日涉原成趣,恰直云开亦觉欣",虹桥修褉的"花木正佳二月景,人家疑住武陵溪",何园的"无丝竹之乱耳,乐琴书以消忧"等,至于园林景点用陶渊明诗文之意题匾题额的,更是不胜枚举。

　　然而在康乾年间,扬州造园的人群和动机发生了转变,由"隐士"转变为"富商",在"娱己"中嫁接了"娱上"。其主要的因由,是扬州的社会生活环境发生了巨大的变化。

　　明末清初,扬州战乱,社会经济凋敝。清初至康乾,扬州经济迅速复苏,特别是两淮盐业,销量极大,在扬的两淮盐商积累了巨额的财富。巨富的盐商把资金用于生活消费,在自我享乐的同时,也带来扬州的商业繁荣、文化发达、人文荟萃。

　　乾隆的六次南巡,从第一次的乾隆十六年(1751年)至第六次的乾隆四十九年(1784年),前后长达33年,且每一次都驻跸扬州。官府为了"接驾",发动盐商"娱上"。于是,原本例行公事的"接驾",有了功利性的"娱上",二者叠加在一起,带来生活消费的"超常"。富商们"娱上"的方法之一,便是竞相建造园林。瘦西湖上的主要景点五亭桥、白塔、熙春台等都是为"娱上"而建的。甚至还可以说,整个瘦西湖的园林群落都是在"娱上"的背景下形成的。

　　乾隆南巡前,瘦西湖有一些零星散布的园林,但未形成连贯的湖上游览线。但到了乾隆三十年(1765年)的乾隆第四次南巡时,瘦西湖上就出现了二十景,随后又增加到二十四景。湖上二十四景的出现,标志着瘦西湖形成了一条"两堤花柳全依水,一路楼台直到山"的游览线。这一时期的扬州园林,用《扬州画舫录》转引当时人的评说是:"杭州以湖山胜,苏州以市肆胜,扬州以园亭胜。三者鼎峙,不可轩轾。"用清代人金安清在《水窗春呓》中的说法是"扬州园林之胜,甲于天下"。

图 3-1　万花园全景

隐士"娱己",多崇尚闲适和情趣;富商"娱上",则需要华美和气派。造园目的和动机的变化,带来手法和风格的改变。于是,自清代康乾年间起,扬州人的造园,呈现出理念各异、手法多样、风格不一、兼收并蓄的态势。

扬州人在田园意识中融合了商业意识,成为一种崭新的"集体意识"和"集体表现",这是一种具有包容性、创新性和实用性的文化心理,这对后来形成"百园之园"的瘦西湖具有深远的影响。

第一节 瘦西湖构建特色

曾有人问:瘦西湖明明在江北,为何又称为江南园林?问话十分直率,也十分简单,但在直率和简单里却蕴含一个大课题,涉及如何解释瘦西湖?如何认识瘦西湖的个性?如何用今人的眼光为瘦西湖在中国园林甚至是世界园林中定位?这几个问号,实际上都是我们讨论瘦西湖文化必然要涉及的话题。若要逐一回答,我们的视野还需更开阔些。

全世界的古典园林分为两大体系,以欧洲为代表的西方古典园林和以中国园林为代表的东方古典园林。中国园林又分为北方宫苑和江南宅园两大子系统。北方宫苑即俗称的皇家园林,因是帝王所为,这类园林一般较大,占有的山林、丘壑、湖沼等得天独厚,常常是"就山为杰阁,引水作神池"(乾隆《避暑山庄百韵歌》),凭借着自然山水的开阔宏大,体现出皇家的尊贵气派。承德的避暑山庄、北京的颐和园等都是范例。江南宅园,又称为私家园林,造园者多为官宦、富商和文士。因是私人所为,面积一般都不大,但"高阜可培,低方宜挖"(计成《园冶·立基》),通过匠心独运的营造,具有可居、可游、可行、可望的"四可"特点。

苏州、扬州和杭州,是江南私家园林相对集中的三座城市。很自然地,人们便会疑问,扬州地处长江以北,怎么能归于江南?这一疑问,若是展开来说,可以写一本书;若是简要表述,也可提纲挈领。简而言之:就历史而言,明代至清初,今日的江苏、安徽两地统称为江南行省,扬州在江南之内。就地理而言,江南的概念涵盖长江下游一带,江苏、安徽以及浙江、江西的部分地区都在其中。就文化而言,扬州文化包括扬州园林处于江南文化的诸多特性之中,共性多于个性。故而,扬州虽然位于江北,但从古至今扬州文化都归属于江南文化,扬州园林是江南园林的一个代表和典范。

将扬州园林归纳为江南宅园,在大概念上当然是可以的,然而具体到“两堤花柳全依水,一路楼台直到山”(袁枚《随园诗话》卷六)的瘦西湖,与苏州、杭州等地的江南宅园作比较,便可看出瘦西湖园林的特别之处。

如果用一句话来表述瘦西湖的特别之处,那就是瘦西湖完成了从“宅园”到“郊园”,再到“公园”的演变,这在江南园林中是独一无二的。这一连绵了几百年的演变历程,既是瘦西湖的构建特色,也是扬州人的生存状态和生活理念,是扬州人对中国古典园林建造的一大贡献。

一、城中安居　湖上游乐

普通的江南宅园多为住宅和园林的组合体,合二为一,彼此关联。从功用需求的角度看,住宅部分满足主人物质生活上的需求,如起居、饮食、抚育、赡养及宗教祭祀等,常常是宅园的主体。园林部分满足主人精神生活的需求,如游览、娱乐、交友、诗酒唱和等。由于是私家造园,财力有限,除个别高官巨商外,园林面积一般不会过大,多为宅园的附属。宅园大小有别,有一点是共同的,即都具备“四可”功能:“可居、可游、可行、可望”。

瘦西湖上的园林却是特殊的,普遍的是“可游、可行、可望”,而不“可居”。主人将宅园中的园林部分有意地独立出来,单纯为了“观光”而造园。为什么会产生这种现象? 园林与古建筑专家陈从周先生在《园林丛谈·扬州园林与住宅》中的一段分析,道出了其中的原委:

> 扬州园林的主人,以富商为多。他们除拥有盘剥得来的物质财富外,还捐得一个空头的官衔,以显耀其身份,因此这些园林在设计的主导思想上与官僚地主的园林,有了些不同。最特出的地方,便是一味追求

豪华，借以炫富有，傍风雅。……无疑地要研究扬州园林，必须先弄清这些园主当时的物质力量与精神需要，根据主客观愿望，决定了其设计的要求与主导思想，因而影响了园林的意境与风格。

在郊外为“炫富有，榜风雅”而另造的园林，又称“别业”、“郊园”。如乾隆时期扬州八大商总之一的盐商江春，其住宅在城内康山街的东首，名“康山草堂”。但他在瘦西湖的东岸又建有郊园，初名“江园”，后乾隆南巡时赐名“净香园”。此外，他在天宁门外重宁寺东还建有“江氏东园”，园内有“熙春堂”、“俯鉴室”、“琅玕丛”诸景，乾隆南巡时不仅为以上诸景赐名，还即兴题诗撰联，以纪其胜。又如，雍正时期的盐商马曰琯、马曰璐兄弟俩，他们在城里东关街有居所，后又于东关街中段购地造园，因在园主人居所的街南，故名此园为“街南书屋”，又名“小玲珑山馆”。此外，马氏兄弟又在城北天宁寺西筑有“行庵”，常与宾朋在行庵作诗酒之会，竟日唱和。又在城东霍家桥南筑有郊园，名“南庄”，庄内有青畬书屋、君子林、小桐庐、卸帆楼等景，也是与友人诗酒流连，优游其中。

扬州湖上造园的高峰期是在康乾年间，当时的扬州已经相当繁华。康熙三十九年，时人陈霆发在《何有轩文集》中说：“吾扬新旧两城，四方称繁华地，而小东门外市肆稠密，居奇百货之所出，繁华又甲于两城，寸土拟于寸金。”小东门“寸土寸金”，他处亦可见一斑。清人汪潍在《容园记》中也说：“江都（指扬州）地狭而民稠，巨室大家，排甍雁齿。然自谒舍寝堂已外，不易有隙地以为园林。而好事者往往于近郊负郭，小筑池台，仅足以供人之假借谳游。”城内缺少空间，在“近郊负郭”处建“郊园”，是十分明智的选驿。于是，扬州富商们在城中安居，在湖上游乐，城里有宅第，湖上有郊园，一时蔚然成风。如康熙年间，扬州有八大名园，其中有六大名园建在瘦西湖沿岸，它们分别是：贺君召的东园，建在瘦西湖莲性寺之东；卞氏园与员氏园，建在小金山之后；王士铭的冶春园，建在瘦西湖大虹桥西岸；王洗马家的花园，建在北城河问月桥之西；程梦星的篠园，建在瘦西湖西向北折向平山堂处。

虽说“可居”与“可游、可行、可望”分离，却是能够更好地“炫富有，傍风雅"，二者相得益彰。加上后来又有乾隆的六次南巡，地方官员和富商们期望得到皇帝的"恩赏"，格外大兴土木，扩充园林。据清人李斗《扬州画舫录》卷一记载：当年为接驾乾隆，仅"华祝迎恩"一景，即官令"淮南北三十总商，分工派段，恭设香亭，奏乐演戏"。所筑园林，沿漕河两岸，东由高桥起，西至迎恩桥止，长达二里多。"分工派段"的办法十分高效，同时也使湖上园林的"可游、可行、可望"的特点得到集中的展现。

这就是瘦西湖只见园林、不见住宅的原因所在。同时也是瘦西湖的"郊园"有别于寻常的"宅园"，仅仅具有"观光"效果的起因所在。

湖上园林，有单景园林和多景园林之分。财力稍欠的官员建单景园林，如按察使程扬宗构"白塔晴云"、按察使衔程均和布政司理问衔程璜造"双峰云栈"、候选同知黄为蒲建"长堤春柳"等。财力雄厚的富商则是建多景园林，如八大商总之一的江春，所造的"静香园"包括"香海慈云"、"荷蒲熏风"二景。又如有奉宸苑卿衔的大盐商黄履暹，所造的"趣园"包括"四桥烟雨"、"水云胜概"二景。无论单景、多景，其目的都是一致的，都是为"造景"而兴园，为"观光"而造园。

正是由于"这些园主当时的物质力量与精神需要"，至乾隆三十年（1765年），扬州北郊的湖上就建起了卷石洞天、西园曲水、虹桥揽胜、冶春诗社、长堤春柳、荷蒲薰风、碧玉交流、四桥烟雨、春台明月、白塔晴云、三过留踪、蜀冈晚照、万松叠翠、花屿双泉、双峰云栈、山亭野眺、临水红霞、绿稻香来、竹楼小市、平冈艳雪二十景。此后湖上复增绿杨城郭、香海慈云、梅岭春深、水云胜概四景，合称湖上二十四景。如再加上李斗在《扬州画舫录》中记载的邗上农桑、杏花村舍、小香雪、平山堂西园、平流涌瀑、贺氏东园、韩园、桃花坞、红桥修禊、柳湖春泛、江氏东园等，当时的瘦西湖上大大小小的园林群落可达半百之数。

这些为"造景"而兴园，为"观光"而造园的"郊园"，数量虽多，却不拥簇，各自造园，却不杂乱。各家园林沿着瘦西湖的河道有序布列，如国画长卷一般渐次展开，方方胜景，气脉贯通，区区殊致，曲径通幽。其秘诀何在呢？这就引出下一个话题——湖上造园的"借景"与"对景"。

二、巧于因借　互妙相生

苏州人沈复在《浮生六记》卷四《浪游记快》中说："平山堂离城约三四里，行其途有八九里，虽全是人工，而奇思幻想，点缀天然，即阆苑瑶池、琼楼玉宇，谅不过此。其妙处在十余家之园亭合而为一，联络至山，气势俱贯。"这"十余家之园亭合而为一"，成了扬州城的"后花园"。虽说并不"可居"，但也正是由于不"可居"，景观的封闭性便被打破了。本是狭长水道的瘦西湖，此时是串珠成线，连线成片，或以篱分，或以桥连，沿岸分布，隔湖相望，形成串珠状的"郊园"景观带。

园林是十分讲究"借景"的，明代造园大师和园林学家计成在《园冶》中指出："夫借景，林园之最要者，如远借，邻借，仰借，俯借，应时而借。"借景，顾名思义，是借他人之景为我所用。这是造园者创构意境极为重要的手法，能最大限度地拓展视野，扩大空间，使得单体的景观深远不尽，意蕴无穷。当初，瘦西湖上的园林，尤其是漕河沿岸的各家单景园林，多采用"档子法"，或植竹树，或排藩篱，作为园界，以示区分。《扬州画舫录》中说，"档子之法，后背用板墙蒲包，山墙用花瓦，手卷用堆砌包托，曲折层叠青绿太湖山石，杂以树木，如松、柳、梧桐。……"这种做法，当初是为了接驾，很可能带有临时为之的想法。

"档子法"，这种不设永久性围墙的临时做法，却为后来湖上园林的"既分且合，既合又分"，"十余家之园亭合而为一"，留下了先例，提供了借鉴，更为各家园林的"远借，邻借，仰借，俯借"的借景创造了条件。更重要的是，"档子法"拓展了扬州人造园的思路，将各家园林亭阁相连、林泉相属的愿望和理想，通过"借景"的手法，变成能够实施的现实。

"借景"是技术，也是艺术。说"借景"是技术，是说工匠造园时，要善于设置"观景点"，这个"观景点"在自身的园内，却要利用他处之景。说"借景"是艺术，是说他处之景并不一定都能为我所用，还要能够巧用、善用、有创见地用，并且是相得益彰地用，也就是所谓的"巧于因借"。

"借景"也是有前提条件的,其前提是自家园林之外要有他景可用,他处无景,也只能是徒然兴叹。位于城市的私家宅园,以老街旧宅为伴,市井商铺为邻。在一框永久的、封闭的高大围墙内,能有"奇思幻想,点缀天然"的"阆苑瑶池、琼楼玉宇"可"借"? 能够做到"合而为一,联络至山,气势俱贯"吗? 在传统的江南宅园里,这些都是可盼而不可即的。湖上的郊园能够"有景可借",相对于封闭性的私家宅园来说,是扬州造园的一大进步。

如果说由"档子法"产生的"借景"艺术,还带有某种被动性和单向性的话,相继产生的"创稿法",则使被动的单向的"借景"转变成为主动的双向的"对景"。清人金安清在《水窗春呓》卷下《维扬胜地》中说:"由于乾隆朝六次南巡,各盐商穷极物力以供宸赏,计自北门直抵平山,两岸数十里楼台相接,无一处重复。其尤妙者在虹桥迤西一转,小金山蠹其南,五顶桥锁其中,而白塔一区雄伟古朴,往往夕阳返照,箫鼓灯船,如入汉宫图画。盖皆以重资广延名士为之创稿,一一布置使然也。"

金安清说各家园林"皆以重资广延名士为之创稿",说明瘦西湖上的各家郊园,为了"以供宸赏",在造园前,都是"以重资广延"名士"创稿"。正是这一"创稿法",使得湖上园林"无一处重复"。这种"一一布置使然"的主动做法,后人称之为"对景"。相比被动的"借景"来说,"对景"是扬州造园艺术的又一进步。

如若没有事前的"一一布置使然",各家园主人在穷尽玄思,出奇制胜时,很容易犯一个我们当代人常犯的错误:乱搭乱建,只顾自己,不管整体。其结果是,单看每一家的园子,或许都还不错,但整体看上去,却是极不协调。或破坏环境,混乱不堪;或相互攀比,杂乱无章;或重复模仿,千篇一律。这在我们当今的城市建设中,已是司空见惯,见怪不怪了。然而"对景"的构思,使当时的扬州人没有犯这样的错误。

有了"对景",几百年前的扬州人似乎比今人更有环境保护意识,更有全局观念,也更有审美品位。直至今日,我们仍可看出,由于"对景"使得瘦西湖上"一一布置使然"的印迹:"小金山"繁密,"廿四桥"疏淡,"长堤春柳"以花木胜,"卷石洞天"以水石胜,"白塔晴云"清朗雅致,"四桥烟雨"空灵幽清,等等。

图 3-2　钓鱼台

就其单个景观而言,每一处景观都是求奇求新,景象各异,若干个景观连贯在了一起,便又是妙境互现,情境深远。

"对景",重在"对"字,是主动的、双向的,是既利己又利他的,因而是"互妙相生"的。在这一层面上说,"对景"不仅仅是一种具体的造园手法和造园艺术,更是一种景观共享理念和环境保护理念。

"对景",由于要双向甚至是多向的"对",方才能够"一一布置使然"。因而"对"的思想,它使得当时的扬州人就有这样的认识:后建的园林不是要把周边先前建的园林比下去、压过去,而是以他人的园景作为自家的审美对象,借周边的优势衬托自己,相辅相成,相得益彰。而自己新建的园林,也要成为他人园林的审美对象,要主动地考虑为他人的园景增光添彩,为他人锦上添花。在瘦西湖的核心区域中湖,随处可见"对景"的典范,小金山、吹台、五亭桥、凫庄、白塔、熙春台等,都是互为对景,相生相应,次第有序,景观共享。

瘦西湖上的"对景",不仅在景观设计时,主动地考虑为他人之景增光添彩,为他人之景锦上添花,甚至在自我景点的起名上,也以他人之景的特点作为自我景点的景点名。如湖上二十四景之一的"四桥烟雨"一景,不是说自己的景区里有四座桥,而是说站在自家的景点内,可以远远地看到烟波缥缈中的四座桥：长春桥、春波桥、五亭桥和玉版桥。再如，瘦西湖上的"望春楼"是一座水院山庭，此景的隔湖对岸是"熙春台"，有"春台祝寿"一景，故而取名"望春楼"。"望春楼"下有郑板桥书写的横额"小李将军画本"。悬此横额，不是说自我的景点是"小李将军画本"，而是说在此观赏对岸的"熙春台"，"熙春台"景区的楼、台、亭、廊等，在高树深林的映衬下，如同唐代画家李思训、李昭道父子的金碧山水画幅。景在彼岸，为我所有，对景之妙，灿于眼前。

又如，五亭桥西北的湖边有一小园，是清按察使程宗扬、吴辅椿先后营构。园门东向，入园有花南水北之堂、积翠轩、半青庭、林香榭等建筑，又有曲径、假山、石桥、荷池等布置，就其造园艺术而言，自成一处绝佳的景点。有此佳园，园主人本应有妙语好辞，用作小园的园名，再不济，按照扬州人的俗套和习惯，叫作"程园"、"吴园"，也无不可。然而，此景却名之为"白塔晴云"。朱江《扬州园林品赏录》分析说：白塔在小园的对岸，在园中的水榭平台上，"隔水望白塔一区，云白而天青，墙褐而树绿"，"因与南岸莲性寺白塔成对景，而名'白塔晴云'"。作为游客，初见此名，会莫名其义，继而思之，一定会拊掌大悦。扬州人将"对景"艺术用到了一种极致，也用到了一种妙境和化境。

从"巧于因借"的利己性的"借景"，到"互妙共生"的利他性的"对景"，最终形成了景观的共享，这是扬州造园艺术的又一进步。瘦西湖上的这种景观共享的理念，是中国园林建造的范例。当代的城市建设，应予学习和借鉴。

景观共享时，也会产生矛盾。瘦西湖上的园林不是一次性完成建造的，即使在造园最集中的乾隆时期，也有几十年的时间跨度。那么，"百园之园"的瘦西湖是如何既标新立异，又妙境互现，最终实现"合众为一"的呢？这就引出又一个话题——扬州人的兼收并蓄和扬州园林的中和之美。

三、健笔柔情 自成一格

著名园林学家陈从周在前引《园林丛谈·扬州园林与住宅》一文中对扬州园林有过一段评价，认为扬州园林"综合了南北的特色，自成一格，雄伟中寓明秀，得雅健之致，借用文学上的一句话来说，真所谓'健笔写柔情'了。而堂庑廊亭的高敞挺拔，假山的沉厚苍古，花墙的玲珑透漏，更是别处所不及。至于树木的硕秀，花草的华滋，则又受自然条件的影响与经匠师们的加工而形成"。陈从周说扬州园林"健笔柔情"、"自成一格"，虽然是散文化的语言，却是十分精准，很有见地。他从扬州地域特点的角度，指出扬州园林"综合了南北的特色"，并认为"堂庑廊亭的高敞挺拔，假山的沉厚苍古，花墙的玲珑透漏，更是别处所不及"。那么，什么是"南北的特色"呢？陈从周先生在文章中有一段更为具体的论述：

> 扬州位于我国南北之间，在建筑上有其独特的成就与风格，是研究我国传统建筑的一个重要地区。很明显，扬州的建筑是北方"官式"建筑与江南民间建筑两者之间的一种介体。这与清帝"南巡"、四商杂处、交通畅达等有关，但主要的还是匠师技术的交流。

陈从周先生所说的北方"官式"建筑，主要是指北方的皇家宫苑。皇家宫苑无论是在立意上还是在体量上，为体现皇家的尊严和气派，都表现出一种宏伟壮观、富丽堂皇的严整之美和规则之美，用美学术语说，就是"雄伟"。与此相对的则是江南园林的"秀美"。江南园林的"秀美"，除了与北方宫苑的"大"背道而驰，表现出"小"的特征外，更重要的是绝不追求对称和秩序，着意表现亭台参差、花树扶疏，体现"精巧"和"灵秀"的自然之美、自在之美。扬州园林"综合了南北的特色"，将北方宫苑的"雄伟"和江南宅园的"秀美"融于一体，也就是我们常说的"南秀北雄"兼具了。陈从周先生在20世纪60年代的这一发现，具有首创意义。此后，"南秀北雄"一词，成为人们介绍扬州园林时用得最多的一个词句。

我们今天来到瘦西湖上，的确可以感受到"南秀北雄"兼具的魅力，五亭桥、熙春台，体量宏大，皇家宫苑的铺锦列绣、金碧辉煌，耀然在目。徐园、凫庄、白塔晴云诸景，却又是粉墙黛瓦、素朴淡雅，完全是江南宅园的集中展现。瘦西湖上有雕绘藻饰，也有天然本色，是扬州人用"中和之美"的思路，建造了一座"百园之园"。

　　"南秀北雄"兼具,是扬州园林中和之美的最为显著的一个特色,但不是唯一的。如若我们将视野拓展开来,就会发现在"雅与俗"、"中与西"等诸多方面,都有扬州人由于兼收并蓄而带来的中和之美。

　　说到"雅与俗"的中和之美,最典型的例子,是扬州个园。个园主人黄至筠,经营两淮盐业五十余年,将一个衰败之家经营为扬州巨富。有了资产后,便要附庸风雅,所构宅园,以竹为胜。来到个园游览,导游会十分热心地介绍个园里的各种竹子,并将苏东坡的名句"宁可食无肉,不可居无竹;无肉使人瘦,无竹使人俗"饶有兴味地告知游客,并以此来说明园主人的情操是如何的高雅。

　　在中国传统文化中,梅兰竹菊,称作"四君子"。"主人性爱竹,盖以竹本固,君子见其本,则思树德之先沃其根;竹心虚,君子观其心,则思应用之务宏其量。至夫体直而节贞,则立身砥行之攸系者,实大且远,岂独冬青夏彩,玉润碧鲜,著斯州篠荡之美云尔哉。"《个园记》中的这番表述,迂回曲折地表明了园主人崇文尚雅的心愿。主人甚至用"个园"作为自己的别号,可见主人的确具有尚雅之心。

　　个园,的确雅致,却也是雅不掩俗。其前宅后园的种种豪华、高墙深院的种种气派且不去说,仅看那五路豪宅(现存三路),前后三进,分别以"福、禄、寿、喜、财"为主题,次第排开,商家固有的平庸俗愿,溢于言表。进入园内游玩,构思卓绝的"四季假山"为人称著。然而"春山"月洞门之北的太湖石,却以"十二生肖闹春"名之,主人的市井心态,便在这不经意间和盘托出。另外,大门外照壁上的硕大"福"字;火巷砌成南宽北窄的"棺材头",在"棺材"里进进出出,便能时时刻刻地"升官发财",如此等等,无不透露出主人的俗愿凡心。

　　《个园记》还有一段话,更能真实地反映出主人的心态:"园之中珍卉丛生,随候异色。物象意趣,远胜于子山所云'欹侧八九丈,从斜数十步;榆柳两三行,梨桃百余树'者。主人……出其才华以与时济,顺其燕息以获身润,厚其基福以逮室家。"主人毕竟是商家,有"出其才华以与时济,顺其燕息以获身润,厚其基福以逮室家"的心愿,是很正常的,也是值得嘉许的。

　　雅与俗,有情调高低之别,却无境界优劣之分。说个园雅不掩俗,是说个园能将雅、俗两种情调融为一体。一本书、一场戏、一件艺术品……包括一个园林，能做到雅俗共赏，是很不易的，需要才能和智慧。是扬州人善于兼收并蓄，有胆识，有才情，方才使个园有此中和之美。

说"中与西"的中和之美，扬州何园是最好的例证。何园是一座晚清园林，始建于同治元年（1862 年），原名"寄啸山庄"，因主人姓何，按扬州人的传统习惯，常用主人的姓氏作为园林的代称，故称之为何园。何园也是一座宅园，有住宅，有花园。主园建成后，光绪九年（1883 年）主人致仕归扬，又并购了邻近的"片石山房"。这"片石山房"独立成景，也就成了何园的园中园。何园里长约 1500 米的复道回廊（又称之为"串楼"），将园内主要建筑串联贯通，或上或下，或曲或直，或分或合，是何园构园的特色。

《扬州画舫录·工段营造录》中，有一段关于廊的文字，虽不是写何园，却好似专为何园而述，读之，可明了何园复道回廊的佳妙：

> 板上甃砖谓之响廊，随势曲折谓之游廊，愈折愈曲谓之曲廊，不曲者修廊，相向者对廊，通往来者走廊，容徘徊者步廊，入竹为竹廊，近水为水廊。花间偶出数尖，池北时来一角，或依悬崖，故作危槛，或跨红板，下可通舟，递迢于楼台亭榭之间，而轻好过之。

何园的复道回廊，有"小廊回合曲阑斜"之趣，深得园林界专家的赞誉，东南大学教授潘谷西先生评价"是扬州唯一孤例，也是国内其他园林所未见"，中国文物学会会长罗哲文称之为"江南园林中的孤例"。陈从周先生则是赋诗赞赏：

> 江南园林甲天下，二分明月在扬州。
>
> 水心亭上春波绿，览胜来登一串楼。

就是这样一座传统的江南宅园，却是融入了西方建筑的元素。玉绣楼，是园中的一座二层住宅楼。南北两栋，前后并列，每栋上下各六间，共二十四间。楼的东西南北,楼上楼下都有回廊环绕,围成一个长方形的院落。传统宅园中的住宅是十分讲究等级的,玉绣楼则是迥然不同。玉绣楼楼层布局,吸收了西方崇尚自由、个性解放的理念。每一层的六间房间,三间为一组,有独立楼梯,既合且分,各自成套。室内设计中,大量使用了吊灯、壁炉、百叶窗、百叶门等西方装饰构件,远瞧是一处中式宅院,近看却是西方风情。故而,主人一家将玉绣楼称为"洋楼"。

一座典型的江南宅园,为什么会出现中西合璧?这与园主人的身份有密切的关联。园主人何芷舠,曾任湖北汉口、黄冈、德安三地道台,兼任江汉关监督,是清政府的一名洋务官员。何芷舠与洋人打交道的同时,熟悉了外国风情,遂将西方文化的元素融入自家宅园的建造。何园的布局,包括这座外中内西、中西合璧的"洋楼",虽说是"江南园林中的孤例",却也是扬州人善于兼收并蓄,在中西兼容中获得中和之美的范例。

说扬州园林是"健笔写柔情",还的确是这样,扬州人是用"兼容并蓄"的"健笔",写出了"中和之美"的"柔情"。陈从周先生用如诗如歌的语词,说明"兼收并蓄"与"中和之美"的关系,正是再贴切不过了。

四、得闲即诣　随兴携游

瘦西湖的园林群落,还不仅在于"可居"与"可望、可行、可游"的分离,更在于它使"可望、可行、可游"得以在百姓大众之间实现。

通常,江南宅园由于要"可居",必定要封闭院落,供独家享用。那些琼楼杰阁、奇花异草的"后花园",对于主人而言固然是"四可",但对于外人来说,若非主人的邀请和应允,只能是隔墙张望、隔门窥视,"可望、可行、可游"只是一种奢想和幻境。瘦西湖上的私家园林由于分离了"可居",封闭性消减了,便可以对大众开放,让百姓游历,使得"郊园"的"可望、可行、可游"成为一种现实。

瘦西湖园林对公众开放,早在明代就已是寻常事。明代《维扬志·公署志》载,每当初春,花木竞发,衙署园林对"游观者不禁","春尽乃止"。衙署园

图 3-3 瘦西湖晨晖

林尚且如此，瘦西湖更是常年开放。清初扬州诗人吴绮在《扬州鼓吹词序·小金山》中说："城北一水，通平山堂，名瘦西湖，本名保障湖。……每逢夏日，郡人咸乘小舟，徜徉其间以为乐，日夕归来，小舟点点如蜻蜓，掩映夕阳，直如画境，而扬州之风景游览，亦以此为最盛焉。"从吴绮的这段文字可以看出，当时的扬州有民众群体游园之风，特别是"郡人咸乘小舟，徜徉其间以为乐"的记述，说明当时的瘦西湖是公众可以自由出入的"公园"。

几百年前的瘦西湖，超越了时空，成为一座具有现代意义的"公园"，这不仅在江南园林，即使在全国也是极为罕见的。

明代张岱在他的《陶庵梦忆》卷五中以"扬州清明"为题，专为记述了当时湖上群体游园的盛况：

于此扬州清明日，城中男女毕出，家家展墓。虽家有数墓，日必展之，故轻车骏马，箫鼓画船，转折再三，不辞往复。……自钞关、南门、古渡桥、天宁寺、平山堂一带，靓妆藻野，袨服缛川。随有货郎，路旁摆设骨董、古玩并小儿器具。……是日，四方流寓及徽商西贾、曲中名妓，一切好事之徒,无不咸集。长塘丰草,走马放鹰;高阜平冈,斗鸡蹴鞠;茂林清樾,擘阮弹筝。浪子相扑,童稚纸鸢,老僧因果,瞽者说书,立者林林,蹲者蛰蛰。日暮霞生,车马纷沓。宦门淑秀,车幕尽开,婢媵倦归,山花斜插,臻臻簇簇,夺门而入。

清代,湖上园林增至二十景、二十四景,仍保持了它的开放性。及至晚清,《二十年目睹之怪现状》的作者吴趼人在此书的第十四回中还写道:"原来扬州地方,花园最多,都是那些盐商盖的。上半天任人游玩,到了下午,园主人就来园里请客,或做戏不等。……久闻扬州盐商阔绰,今到了此地,方才知道名不虚传。"民国年间,扬州已经衰落,园林也随之凋敝,但"任人游玩"的风气仍然沿袭。民国年间的作家易君左在《扬州的风景》一文中说:"扬州风景的唯一价值是平民的! 就是无论什么人都可以赏玩扬州的风景,毫无拘束。……所有名胜古迹都一律开放。"

将私家园林对百姓大众开放,"任人游玩",固然是契合了园林主人为了"炫富有,傍风雅"的造园初衷,但也顺应了千百年来扬州人一脉相承的思想和情趣,这就是前文所说的:向往"郊野"和"山林",期盼"余闲"和"舒啸",同时也是计成在《园冶·相地》中所期盼的:"片山多致,寸石生情……得闲即诣,随兴携游。""得闲即诣,随兴携游"的"公园",在现代社会里不足为奇。但是在封建社会里,还是应该看到它不同凡响的进步意义,这就是"开放"、"普惠"和"宜居"。

扬州的瘦西湖从"宅园"演变为"郊园",又从"郊园"演变为"公园",这一历程的时间跨度长达数百年。数百年的漫长岁月中,瘦西湖这座扬州城的"后花园",不仅仅是一座山水、花木、建筑等物质性的材料构成的园林,它已融入扬州人日常生活的方方面面,使得"得闲即诣,随兴携游"成为扬州人的一种生存状态和生活理念。

第二节　瘦西湖景观审美

美学家李泽厚先生曾说,"自然美在中国是最早被发现的。中国的山水画、山水诗的出现也比西方早得多,很早就注意到人与自然的和谐统一,情感上的互相交流。"自然美以及人与自然的在情感上的交流,用美学的概念来表述就是"意境"。关于意境,宋代画家郭熙在《林泉高致》中还有一段极妙的表述:

> 君子之所以爱夫山水者,其旨安在? 丘园养素,所常处也;泉石啸傲,所常乐也……猿鹤飞鸣,所常观也;尘嚣缰锁,出人情所常厌也;烟霞仙圣,此人情所常愿而不得见也……然则林泉之志,烟霞之侣,梦寐在焉,耳目断绝。今得妙手,郁然出之,不下堂筵,坐穷泉壑。猿声鸟啼,依约在耳;山光水色,滉漾夺目,此岂不快人意、实获我心哉! 此世之所以贵夫画山水之本意也。

郭熙论述的是山水画,是纸上的、二维的、虚拟的。扬州人吸纳了郭熙的高见,用文士的智慧、富商的财力和工匠的技艺,对郭熙的见解进行了再发挥和再创造。于是,一个立体的、三维的、真实的瘦西湖"解读"出来了。扬州人在现实的世界里看到了什么是"林泉之志,烟霞之侣",也在切身的感受中体会到什么是"人与自然的和谐统一",什么是"情感上的互相交流"。

历来,人们对瘦西湖有各种各样的理解,有境况的感悟,有生活的探究,有诗意的表达,也有哲理的思辨,等等,都有一定的道理。然而,审美不是空乏的、虚幻的,各种审美要素都有具体的体现,那么瘦西湖又有哪些审美要素呢?

一、婉约之美

从自然地理的角度说,瘦西湖是扬州的一支水系,是扬州西北蜀冈诸山之水,汇合成湖(河)后,枝枝丫丫地流过扬州城、流入运河的水道。其中城北的一段地处近郊,曾经用作护城的城濠,故历史上一直把这段狭长水道称为"保障河"、"保障湖"。保障湖经过人工的修饰,变成了后来的瘦西湖。

保障湖名称的改变,是在清初。诗人吴绮在《扬州鼓吹词序》中说:"城北一水,通平山堂,名瘦西湖,本名保障湖。"这段文字是"保障湖"改称为"瘦西湖"最早的文字记载。世人皆知,瘦西湖的得名与杭州西湖有关。但如果把杭州、扬州两地的西湖,仅仅在体量上、形态上进行比较,或者说仅仅用"胖"与"瘦"的对立来解读瘦西湖,显然是浅薄而幼稚的。

"瘦西湖"一词自从得到世人的认可后,关于它的解读,三百多年来一直未断。各类考证和论辩,姑且不去说,单就历代诗词中就有多种表述,不妨列举几则:

> 垂杨不断接残芜,雁齿红桥俨画图。也是销金一锅子,故应唤作瘦西湖。(汪沆《红桥秋禊词,同闵莲峰、王载扬、齐次风作》)

> 销金锅子酒胡卢,游舫游骢无日无。金粉渐凋林木秀,如今真个瘦西湖。(詹肇堂《虹桥秋泛》)

> 板桥歌吹古扬州,我作扬州三日游。瘦了西湖情更好,人天美景不胜收。(邓拓《游扬州》)

> 真是锦扬州,苍翠玲珑透。多少雕楼化作尘,只有山河寿。何处最堪怜,十里清波皱。比那西湖更俏丽,俊在妖娆瘦。(叶楠《卜算子·别扬州》)

> 腰肢瘦损偏宜舞,回也无风,旋也从容,雏燕低昂弱柳中。浅饰更觉湖光好,树又烟笼,水又迷濛,斜照转抹一片红。(龚绍忍《采桑子·初识瘦西湖》)

写作这些诗词的,有清代诗人,也有现代作家,他们从不同的角度,对

"瘦"字作了自己的解读。尽管见解不尽相同，但有一点是共同的，那就是对瘦西湖的认识，不是一个"瘦"字就能完全涵盖。若有兴趣，仔细地揣摩这些诗词字里行间的含义，几乎能写出一本关于"瘦"的美学散论。

当代翻译家龚绍忍对瘦西湖"瘦"字的内涵和意义，用一句"浅饰更觉湖光好"，道出了当代人对瘦西湖的一种全新认知，有教益，更有启示。人工修饰，除自然景观外，任何园林都有。只不过修饰的效果有雅致、粗俗之分，巧妙、拙劣之别。瘦西湖的"瘦"，源于自身的自然地貌。水道狭窄而修长，是天然的瘦。然而，天然的瘦，不一定就美，更不一定就是艺术。正如天底下狭狭长长的河道多的是，但不一定都是景观。

在"瘦"的基础上，扬州人对河道予以了龚绍忍所说的"浅饰"。这种"浅饰"是有选择、有分寸，并且是有审美的、有识见的，是计成在《园冶·兴造论》中所说的"因山就水、因地赋形"，是"随基势高下……宜亭斯亭，宜榭斯榭"，是将人工的"郊园"融入自然的怀抱，与自然的湖水、河岸、冈峦、林木互为照应，从而创造出一种"天人融和"的"第二自然"。于是，经过人工的"浅饰"，"第一自然"的"瘦"孕育出了"第二自然"的"婉约"。

我们今天看到的瘦西湖，"两堤花柳全依水，一路楼台直到山"，虽是人工建造，却是"宛自天开"，瘦西湖不再是纯自然的"瘦"，而是破蛹成蝶，成为一种独具"婉约"意境的园林艺术。外形的纤瘦秀巧，不减内蕴的丰富多彩，这就是扬州的瘦西湖。

二、曲折之美

"造园如作诗文，必使曲折有法，前后呼应……方称佳构。"这是清代学者钱泳在《履园丛话》中的一段话。曲折，如若物理性的，那不是艺术。若是"曲折有法，前后呼应"，便合审美的意趣，"方称佳构"。瘦西湖是天然水道，有自然的曲折，不足为奇。然而扬州人造园，却是利用原有的曲折，加以人工的营造，使得景观曲径通幽，引人入胜，这就是"曲折有法"了。

瘦西湖上最明显的曲折是水上游览的路线，有一曲数弯之趣。旧时，游人在城里的小秦淮下船,第一弯在香影廊,由北折向西。第二弯在丁溪,由西折向北。第三弯在小金山,由北再折西。第四弯在熙春台,由西再折北。如此折折弯弯,方才抵达平山堂下。如今,改从天宁寺门前的御码头下船,少了小秦淮一段,依然是一曲三弯,委曲宛转。

对水上游览线的"曲折",散文家朱自清曾有评说:"下船的地方便是护城河,曼衍开去,曲曲折折,直到平山堂……曲折而有些幽静,和别处不同。"诗人郁达夫更是激赏:"瘦西湖的好处,全在水树的交映,与游程的曲折。秋柳影下,有红蓼青萍,散浮在水面,扁舟擦过,还听得见水草的鸣声,似在暗泣。而几个弯儿一绕,水面阔了,猛然间闯入眼来的,就是那一座有五个整齐金碧的亭子排立着的白石平桥……"朱自清和郁达夫,他们都是用身历其境的体验,道出了"以曲为美"的审美趣味。无怪乎,明清至今,瘦西湖上最佳的游览路线一直是这条水上游览线。两三百年一直未变,可谓"传世经典"。

瘦西湖的"以曲为美"还不仅仅是这条游览线,进入园中,曲水、曲岸、曲蹊、曲径、曲桥、曲廊等等,随处可见。若是追究、考证,似乎扬州人对曲折之美有着某种偏好。

图3-4 瘦西湖曲折婉约

历史上,扬州人造园就善于运用"曲折",创造出特殊的景观意境。李斗在《扬州画舫录·城北录》中有一段关于小洪园"委宛山房"的文字,将"如蚁穿九曲珠,又如琉璃屏风,曲曲引人入胜"的曲径作了出神入化的描述:

　　……石路一折一层，至四五折。而碧梧翠柳，水木明瑟，中构小庐，极幽邃窈窕之趣。……过此又折入廊，廊西又折；折渐多，廊渐宽，前三间，后三间，中作小巷通之。……廊竟又折，非楼非阁，罗幔绮窗，小有位次。过此又折入廊中，翠阁红亭，隐跃栏槛。忽一折入东南阁子，躐步凌梯，数级而上，额曰"委宛山房"。……阁旁一折再折，清韵丁丁，自竹中来。而折愈深，室愈小，到处粗可起居，所如顺适。启窗视之，月延四面，风招八方，近郭溪山，空明一片。游其间者，如蚁穿九曲珠，又如琉璃屏风，曲曲引人入胜也。

　　除了曲磎、曲径、曲桥、曲廊等平面的曲折外，瘦西湖还在平旷中有意地营造出高低错落，或增土作垅，或叠石为峰，或高塔入云，或长堤横波，形成了又一种立面的"曲折之美"。

　　对此，陈从周先生在《瘦西湖漫谈》中极为认同："瘦西湖四周无高山，仅其北部有平山堂与观音山，亦非峻拔凌云，唯略具山势而已，因此过去皆沿湖筑园。……瘦西湖是水游诸园的通道。建筑物类皆一二层，在平面的处理上是曲折多变，如此不但增加了空间感，而且又与低平水面互相呼应，更突出了白塔、五亭桥，遥远地又以平山堂、观音山作'借景'。……至于假山……平冈小坡形成起伏，用以点缀和破平直的湖面与四野，使大园中的小园，在地形及空间分隔上，都起较多的变化。"平面的、立体的曲折，使得原本四野平旷的瘦西湖，呈现出山重水复、柳暗花明；楼台高下、步移景换的高妙境界。

　　唐代诗人常建《题破山寺后禅院》有名句："曲径通幽处，禅房花木深。"从园林审美的角度说，曲折之妙还不仅在于使游人能多视角、多方位地观赏变化着的景观之美，可行，可游，可观，更在于它在山重水复、楼台高下之中，引导游人"通"向"幽"和"深"的境界。

　　曲径使"幽"和"深"的美景可通可达，吸引着人们在这条曲径上通此达彼，不断寻觅，这就是引人入胜了。故而在某种程度上讲，"曲径通幽"是景观引人入胜的秘诀，是园林意境生成的一条美学规律。曲水、曲岸、曲磎、曲径、曲桥、曲廊乃至高冈、低坡、拱桥、平堤等等,处处委曲宛转,曲曲引人入胜,瘦西湖上的景观有着如此普遍的运用和表现,直把"曲折之美"用到了极致。

三、清幽之美

扬州瘦西湖,虽在郊野,却是紧邻城郭。近二三十年,社会发展了,城市扩大了,景区包在了城市之中,原本是郊外的"湖上园林",衍变成为城中的"城市山林"。有赖于远见卓识,早在"城市化"改造之初,扬州人就用"悬升气球"的办法,为周边天际线的高楼大厦"限高"。如今的瘦西湖景象如故,近看花团锦簇,远眺树高林密。湖光山色,楼阁掩映,依然是一派"清雅幽静"的山林风景,郊野气象。

扬州人对"清雅幽静"似乎情有独钟。常言"一方水土养育一方人",其实,就园林景观而言,尤其是像瘦西湖这样的人工景区,也可以说是"一方人造就了一方水土"。清末民初扬州诗人陈重庆《默斋诗稿》卷一有一首记游诗,从中可以看出扬州人是怎样地钦慕和构建"清雅幽静"。

> 出郭不半里,谁家构别业;曲径得深幽,园小不嫌狭。
> 疏篱当短墙,满架藤萝压;花深忽迷路,引我双胡蝶。
> 胡蝶飞翩翩,相依若相狎;茅斋三五楹,静气到眉睫。
> 拂檐柳垂丝,依石松蟠虬;林横太古琴,书叠沉香匣。
> 主人甘冷宦,消闲颇日涉;但结世外缘,即避尘中劫。

陈重庆诗中的这座小园并不知名,"出郭不半里",大约就在北门外一带,虽说邻近城市,但"曲径得深幽,园小不嫌狭。疏篱当短墙,满架藤萝压",营造出一种"但结世外缘,即避尘中劫"的氛围,这是园主人的追求,也是诗人的仰慕。诗中提到"静气"和"消闲",可以说是当年瘦西湖上各家园林主人共同的向往。城市里市井百业,繁忙喧嚣,目眩心迷,在这样的尘俗空间里,要想闲雅清静，意愿虽好，实现太难。远离城市，远离喧嚣，到真正的山林薮泽去隐逸，虽是一种选择，却又过于清冷、过于寂寞。能否有一种"居尘而出尘，近俗而远俗"的两全之策呢？这座"出郭不半里"，"曲径得深幽"的小园，可以说是一种理想的示范。

白居易曾有所谓《中隐》之说："大隐住朝市，小隐入丘樊。丘樊太冷落，朝市太嚣喧。不如作中隐，隐在留司官。似出复似处，非忙亦非闲。不劳心与力，又免饥与寒。……人生处一世，其道难两全。贱即苦冻馁，贵则多忧患。唯此中隐士，致身吉且安。穷通与丰约，正在四者间。"白居易设想的"似出复似处，非忙亦非闲"的"中隐"之路，仅是纸上谈兵，扬州人却在现实生活中予以了实现，这就是把"城市"和"山林"这两个互为对立的两极，在瘦西湖上缉接了起来。

"清雅幽静"是瘦西湖的意境，更是扬州人追求的生活方式。出了城郭，到了湖上，乘物游心，思与境偕，可达"居尘而出尘，近俗而远俗"的境域，故而扬州人的湖上群游，数百年来盛行不衰。在群游之风中起引领导向的文人学士，自然是更加赞赏，请看：

> 山远望随云不尽，风轻身与鸟俱过。（储罐《过蜀冈游功德寺次韵》）
> 茶味清芬酒味浓，冶春小憩豁心胸。（孔庆镕《扬州竹枝词》）
> 碧坞桃千树，清溪水一湾。堂高极目望，潇洒出人间。（陆求可《平山堂》）
> 一路山光牵画舫，无边柳浪拥春堤。（周虹《虹桥春望》）
> 楼阁此间真福地，烟霞世外小游仙。（叶蕙心《卷石洞天》）
> 小金山在水云隈，菡萏临风取次开。（韩日华《扬州画舫词》）
> 瘦西湖畔五亭桥，月下泛舟水迢迢。（许幸之《春临白塔》）

诗句中提到的冶春、虹桥、卷石洞天、小金山、白塔、五亭桥、平山堂、蜀冈等都是瘦西湖上著名的景点。上述诗词的作者有明清，也有当代。历代诗人，时空不一，境遇迥异，但他们都称颂瘦西湖上的潇洒出尘、清净脱俗，都颂扬清而不浊、雅而不俗。可见,瘦西湖的"清雅幽静",是历代扬州人的共识。

湖上造园,有两个鼎盛时期:一个是乾隆年间,另一个就是当代。时代不同,追求"清雅幽静"的审美理念却是一致的,这使得瘦西湖繁荣后衰败,衰败后再度繁荣。如果说这之间有什么规律的话,那就是扬州民众的执着和地域文化的深厚。

第三节　瘦西湖湖上览胜

瘦西湖是"百园之园",如何游园,如何在湖上览胜,陈从周先生有过一番推敲,他在《瘦西湖漫谈》这篇文章中谈了颇有见地的看法:

> 瘦西湖湖面不大,水面狭长曲折。要在这样小的范围中游览欣赏,体会其人工风景区的妙处,在游的方式上,亦经推敲过一番。如疾车走马,片刻即尽,则雨丝风片,烟渚柔波,都无从领略。如易以画舫,从城内小秦淮慢慢地摇荡入湖,这样不但延长了游程,并且自画舫中不同的窗框中窥湖上景物,构成了无数生动的构图,给游者以细细的咀嚼,它和西湖的游艇是有浅斟低酌与饱饮大嚼的不同。王士禛诗说:"日午画船桥下过,衣香人影太匆匆。"我想既到瘦西湖去,不妨细细领略一番,何必太匆匆地走马看花呢。

其实,游览瘦西湖,有点类似于读《红楼梦》。有人言,读了《红楼梦》,一百个人心中会有一百不同的林黛玉,多愁善感的,弱柳临风的,才情绝代的,使小性儿的,等等。在瘦西湖上览胜,也有这样情形,陈从周把游湖比作"浅斟低酌",而其他的人,有的比作选诗,有的比作绘画,有的比作珍珠,还有的比作美女……各具情思,各述其妙。

把游览瘦西湖比作选诗的,是清代的戏剧作家孔尚任。他在《于臣虎选诗小引》中说："由红桥而法海寺,由法海寺而平山堂、观音阁……譬之为诗者,平山堂其中联也,起于红桥,承于法海寺,结于观音阁。游人之选胜,亦如选诗。"

把瘦西湖比作一幅画的,有当代的红学家冯其庸。他在《绿扬城郭忆扬州》中回忆:"扬州确实是美的,那瘦西湖的纤影,既窈窕而又清雅……特别是湖上的一抹轻烟,仿佛山水画家将眼前的画面淡淡地染上了几笔……当你跨过虹桥,一眼见到这幅江南早春的画面时,我保证你会被陶醉,你会驻步不前,仔细品味。"

把瘦西湖看作一串珍珠的,则是民国的作家易君左。他在《扬州的风景》一文中赞美:"你出广储门、天宁门或北门,一直到平山堂,这沿途风景好像一根线上穿的一串珍珠……在这短短的五里中间,随处都是各自不同的景致,使你留连不忍卒去! 珍珠一串分开来是一粒一粒的,而这一粒一粒本身上都有价值,扬州的风景是连贯的,而分开来说,一处一处的风景一样的有价值。"

把瘦西湖视为美女的,当数当代诗人黄同浪。他在一首新诗《瘦西湖》中激赏:"纤细如一握楚腰,在杨柳风里,甩开葱绿的水袖,嫋嫋婷婷,舞出千古风流。"

至于历代的诗词歌赋中,颂扬瘦西湖各处景点的妙语好辞,则是多如繁星,数不胜数。瘦西湖之所以闻名天下,自然是这些诗词歌赋给插上了翅膀。

清代画家蒋骥在《读画纪闻》中谈到绘画时说:"山水章法,如作文之开合,先从大处定局,开合分明,中间细碎处,点缀而已。"蒋骥所言,确有道理。绘画是如此,景观游览也是如此。用这样的思路来看瘦西湖景区的大格局,这篇精心构思的美文,便可分为四大篇章,即北城河、南湖、中湖和北湖。这四大篇章,都是景观,自然是少不了构成园林的各种元件,诸如亭台楼阁、花木山石,等等。但细心的游人,遍游瘦西湖后,却能从亭台楼阁、花木山石的不同组合中,体会出大不相同的人文意境,这就是北城河的市井气、南湖的郊野气、中湖的富贵气和北湖的书卷气。

构造元件相同,人文意境却各各不一,这也是瘦西湖的魅力所在。

一、北城河风景

凡是有城墙的老城，都有护城河。扬州北部也有一条护城河，叫作"北城河"。从水路进入瘦西湖景区的起点，就在这条河上。沈复在《浮生六记·浪游记快》中说："其最难位置处，出城八景，有一里许紧沿城郭。夫城缀于旷远重山间，方可入画。园林有此，蠢笨绝伦。而观其或亭或台，或墙或石，或竹或树，半隐半露间，使游人不觉其触目，此非胸有丘壑者断难下手。"沈复所说的"有一里许紧沿城郭"，就是指这条北城河。他认为在"紧沿城郭"的"护城河"上布置园林是"最难位置处"，甚至是"蠢笨绝伦"的。但他亲眼看到了这条河，看到两岸的景点，却又是极为称颂，故而惊叹"此非胸有丘壑者断难下手"。

出乎常理，打破常规，为他人所不能为，给游人以意外，正是北城河的景观特色，也是刚刚进入湖上，就让游客产生引以为奇的视觉震撼。

其实，作为游览瘦西湖起点的北城河，让游人引以为奇的还不只是这些。大家都知道，旧时的护城河，又叫"城濠"，它和城墙一道，共同构成了城市的防御工事，是古战场的一部分。血雨腥风之地，虽说时过境迁，游人见了，也不免目光凝重起来。而扬州的北城河，游人的感觉却是舒缓的、亲切的、惬意的。明清至今，沿着这条河道，桃柳夹岸、亭榭散布，更有酒肆、茶寮、花房、鱼池，鳞次栉比。别的且不必细说，单就沿岸景点的名称，诸如御马头、冶春园、香影廊、水绘阁、问月山房、餐英小榭、餐英别墅、小苎萝、绿杨邨、傍花村、卷石洞天、西园曲水……既典雅，又富有诗意，游人未到，仅听听名字，就足以让人陶醉。故而，游人很少想到它是"城濠"，只把它当作休闲胜地、观光佳处。

如今，城墙拆除了，变成了沿河车水马龙的街道。但在御马头处眺望，依然可以感受到护城河的深浚和险隘。

南岸，依着城墙基，密树丛林仿佛是生长在悬崖峭壁之上，或高耸入云，或横遮河谷。北岸，块块巨石贴着高冈，垒出河岸，峭峭的，陡陡的，越发显得河谷的深邃。若是站在冈岸上西望，深深的河谷委婉西去，透过密匝匝的树梢，隐约可见冶春园的廊榭和草屋。清晨来到这儿，初阳斜抹，河水映波，晨雾水汽氤氲，绿树草屋相掩，一派乡村野趣。在闹市中得此一景，极为难得，常吸引摄影界的各路高手在此驻足。

御马头，是当年乾隆游湖的上船处，想领略帝王风采的，都选择从这儿上船。为了让游客过把帝王瘾，游船有叫作"乾隆号"的，宽大敞亮，金碧辉煌。其实，在狭长深浚的河谷里，最适宜的游船是"小划子"。小划子形如瓜瓣，只可容二三游客，由船娘用竹篙撑着，方才融入乡村野趣的情境之中。

船行不久，即可见到冶春园、香影廊和水绘阁。这几处景点，其名称不单有诗意，还极有历史底蕴。冶春园原是花社，园中四时花木，色色皆备，旧时游人泛舟湖上，多购花而归。香影廊，得名于清代诗人王渔洋的名句"衣香人影太匆匆"。水绘阁，则引借清初文学家冒辟疆在家乡如皋的宅园"水绘园"。虽是引借，却极为贴切，阁临水上，影如水绘，虚实相映，堪称妙笔。如今，这几处沿河景点，连同"问月山房"、"餐英别墅"、"餐英小榭"都辟为茶肆，楼阁相连，花木相间，长达一里许，总其名为"冶春茶社"。扬州人素有"早上皮包水（吃茶）、下午水包皮（洗澡）"的习俗，每当晨昏时分，茶客四聚，茶香四溢，又是别一样的"衣香人影太匆匆"了。

缘河西行，过北门桥，便进入绿杨邨的地界。这一带南岸高坡依然陡峻，北岸岗地却趋平缓。岗地上修篁丛桂、浓荫密匝。康乾年间曾有"城闉清梵"、"绿杨城郭"二景，晚清为"绿杨邨"。绿杨邨也曾是临河的茶肆，花木成行，境极深邃，画船群集，多在绿杨荫中。当年的绿杨邨茶肆为了招徕，在树梢顶上，立一长竿，高悬白旗，上书"绿杨邨"三个红字。有人见景生情，出句"白旗红字绿杨邨"，广为征联，响应者以"青石蓝书黄叶径"为对。此联因其工稳、谐趣而又富有画意，成为地名对中的一副名联。今天的绿杨邨一带，早已辟为花鸟市场和收藏品交易市场。凡是喜好莳养盆花、笼鸟、池鱼、鸣虫的，一有闲暇，都要来此转悠。收藏品交易市场更是热闹，每逢节假日，北京、上海等地的收藏家都会在这儿云集，欢喜而来，满意而去。

再向西行,又过一桥,便来到了"卷石洞天"和"西园曲水"。这两处景点,都是乾隆年间瘦西湖上的二十四景之一。

卷石洞天,原是清朝奉宸苑卿洪徵治的别业,俗称"小洪园"。这儿的景观,以"叠石为山,玲珑窈窕,丘壑天然"著称。景点临城面水,缘岸垒石,巉岩巧怪、藤萝蔓行,面东的三楹门厅上,有当代书家舒同手书的"卷石洞天"门额。入园,可见"群玉山房"一景。山石围屋,屋中又有山石,外似丘壑叠翠,内似溶洞深幽。此景山石虽多,不觉其赘,反增其奇,奥秘全在于水与石的运用。文震亨在《长物志·水石》中说:"石令人古,水令人远。"水与石的交融,使山棱、流隙迭出,岩穴、水岫互生,故而有人集古人名句为联,描绘此景:"渔浦浪花摇素壁,玉峰晴色上朱栏。"清人李斗《扬州画舫录》卷六赞誉此景:"郊外假山,是为第一。"

卷石洞天之西,即为西园曲水。此地河面逐渐开阔,且曲折分流,二支向南,一支向北。谷地亦随水而曲,环水为岛、夹水为屿。岛屿相间处,竹木扶疏,燕雀翻飞。河岸冈坡的上下远近,有妙远堂、留芳亭、薜萝水榭、栖鹤亭、濯清堂、石舫、浣香榭、拂柳亭、丁溪桥等人工建筑散布点缀。有一联句"地同曲水传名胜,会拟兰亭任唱酬",点明了西园曲水的得名,源于王羲之《兰亭集序》的"流觞曲水"。景点之名,既合河谷之貌,又取对岸"虹桥修禊"之意,甚为妥帖自然。

图3-5 西园曲水

这儿更为奇妙的"一景",则是"扬派盆景"了。扬派盆景有树桩盆景和水石盆景两类,其黄杨、榆树、五针松等树桩盆景,以叶片呈"云片状"、树干有"一寸三弯"之趣为造型特点,是中国五大盆景流派之一。西园曲水的门厅等处有数副对联吟咏赞誉,其中有两副最为精妙:

> 具体而微,居然峭壁悬崖,平沙阔水;
> 植根虽浅,何妨虬枝铁干,密叶繁花。

> 以少胜多,瑶草琪花荣四季;
> 即小观大,方丈蓬莱见一斑。

西园曲水一度设为"扬州盆景园",如今,盆景园搬迁到了"万花园"里,这儿仍有盆景常年展出,是国内外盆景爱好者流连忘返之地。

西园曲水还是养鸟人遛鸟的好地方。扬州玩雀鸟的都有早晚遛鸟的习惯,尤其是早晨,要赶在太阳初升、露水未散之时,将喂养的笼鸟提到树林里来"遛遛",据说,这样的鸟儿才会有灵性,才会鸣叫得更加百鸣千啭、音韵动人。西园曲水邻近城郭,来去方便,闹中取静,那柳树下、竹林中,到处可见悬挂着鸟笼。雀鸟的鸣叫声此起彼落,仿佛一场"鸟儿音乐会"。扬州的养鸟人还为"鸟儿音乐会"取了一个颇有意趣的名称,叫"青林乐"。于是,西园曲水便又多了一种他处少见的风景。

游玩北城河,最宜是早晨。清早,三五知己来到东边的冶春茶肆"皮包水",早茶后进入绿杨邨里闲逛市场,随后再到西边的西园曲水欣赏"青林乐",这二三里的游程,是诗情画意与享乐消闲的叠加,是乘物游心与俗世苍生的交融,虽说多了几分世俗和几分烟火,却是增添了互动和参与。北城河上的市井气,无疑是契合了现代人的旅游理念。

二、南湖风景

西园曲水向西，便来到"丁溪"。丁溪之名，乃湖水一分为三，形如"丁"字。此处，瘦西湖由河谷进入湖面，原是密树丛林，横遮河面，此刻树远烟迷，豁然开朗。丁溪南北，有"虹桥修禊"、"虹桥揽胜"二景。南行可达"虹桥修禊"，此景是瘦西湖最南端的一个岛屿，四面环水，葱葱郁郁，仅有小桥与西园曲水的岗地相连。北望可见一座三孔连拱石桥，如虹卧波，连贯东西，这便是"虹桥揽胜"。

作为湖上二景，"虹桥修禊"仅有饯春堂、饮虹轩等几座建筑，"虹桥揽胜"也就是一座石桥，就其风光而言，并无出奇之处。然而，查阅"虹桥"这两个字，却可以在中国诗歌史上，检索出一连串令人瞩目、熠熠生辉的故事。说起故事，还与清代的几位名士有关。

清代初年，王士禛来到扬州，出任推官。王士禛，号渔洋山人，山东新城人，顺治进士，官至刑部尚书。王渔洋素以诗文著称，为文坛领袖，他来到扬州，"昼了公事，夜接词人"，曾于康熙元年（1622年）和康熙三年（1624年），先后两次与文坛名士在虹桥行修禊之礼，他的著名诗句"北郭清溪一带流，红桥风物眼中秋，绿杨城郭是扬州。……"唱和者众多，成为中国诗坛盛事。

"虹桥修禊"的地点，就在眼前的虹桥。虹桥始建于明代，初为红色栏杆的板桥，故名"红桥"。清代重建，改为石桥，遂名"虹桥"。想当初，葱郁一片的郊野，在万绿丛中有一红桥，卧于清明的水面，此情此景，最能触动文人的"诗心"。于是，当年的"红桥"便成为文人雅士心驰神往之地，诗句滚滚而来，诸如："最是扬州胜，红桥带绿杨。"（宋荦《红桥》）"并立红桥看晚晖，可怜沙鸟总依依。"（孙枝蔚《和吕荩字〈红桥旅梦〉词》）"行到红桥转深曲，绿杨如荠酒船来。"（朱彝尊《红桥》）等等。连南巡时见多识广的乾隆见了，也是赞叹不已，即兴赋《虹桥》诗：

> 绿波春水饮长虹，绵缆徐牵碧镜中。
>
> 真在横披画里过，平山迎面送春风。

诗词多,游记散文也多,其中流传最广,影响最大的乃是王渔洋的《红桥游记》:

> 出镇淮门,循小秦淮折而北,陂岸起伏多态,竹木蓊郁,清流映带。人家多因水为园亭树石,溪塘幽窈而明瑟,颇尽四时之美。挐小艇,循河西北行,林木尽处,有桥宛然,如垂虹下饮于涧,又如丽人靓妆袯服,流照明镜中,所谓红桥也。游人登平山堂,率至法海寺舍舟而陆径,必出红桥下。桥四面皆人家荷塘,六七月间,菡萏作花,香闻数里,青帘白舫,络绎如织,良谓胜游矣。予数往来北郭,必过红桥,顾而乐之。……嗟乎!丝竹陶写,何必中年;山水清音,自成佳话。予与诸子聚散不恒,良会未易遘,而红桥之名,或反因诸子而得传于后世,增怀古凭吊者之徘徊感叹,如予今日,未可知也。

王渔洋之后,又有孔尚任、卢雅雨、阮元等名士,数次修禊虹桥。卢雅雨召集的一次诗会,参与唱和的诗人竟达七千。阮元还邀聚上百位诗友为长卷《虹桥秋禊图》题诗,为一时之盛。及至清末民初,仍有一批诗人结为"冶春诗社",在这一带常年诗酒唱和。

诗文唱和是文人的风雅之事,历史上各地的文人雅集还有很多。但扬州的"虹桥修禊",其人数之众、时间之久、影响之广,在中国诗歌史上绝无仅有。于是,"虹桥修禊"一词,本是用于文史佳话,是历史掌故的名词,扬州人却移用于景观名胜,成为人人知晓的地名。问其因由,是扬州人的数典怀旧,更是扬州人的崇文尚雅。

过了虹桥,便是"长堤春柳"一景。湖上两堤,三步一桃,五步一柳。初春时节,桃柳相间,红鲜绿翠,分外妖娆。尤其是柳絮飘飞之时,白絮随风,如烟如雾,直让人眼迷、景迷、神迷。触景生情,自然会想起唐代诗人李白的著名诗句:"烟花三月下扬州。"曾有人问起"烟花"二字的含义,见到眼前的美景,不用多说一句话,心中自然会明白。诗人遣词造句的功力,不由得暗自佩服。

"长堤春柳"既是湖上一景,又是瘦西湖陆路游览的主要通道,长堤南接

"虹桥",东邻"荷浦",西傍"叶林",北达"徐园",向东北还可到达"四桥烟雨"。

"荷浦"是长堤春柳东北侧的湖中小岛,仅有"春波桥"与外界通连。此岛是湖中有岛,岛中有湖,有世外桃源之趣。岛中小湖,遍植荷藕,每当夏日,芦苇遮岸,菡萏掩湖,莲叶田田,花气习习。此景初为乾隆年间布政使衔的盐商商总江春所筑,是清代"净香园"的一部分,列为湖上二十四景之一,称作"荷浦熏风"。民国年间曾在此筑园,以祀辛亥革命先烈熊成基,后因抗战而停建。如今,此景依旧,白鹭栖枝,野鸭浮波,游船过处,蛙声起伏,颇具村野风韵。

"叶林"在"长堤春柳"西侧的冈坡之上。此景是民国年间国民党中执委、国大代表主席团主席叶秀峰所建。叶秀峰利用坡冈土阜,从外地购进雪松、五针松、柏树、紫薇等珍贵树木千百余种,种植于此。八九十年后的今天,此处已是林木参天,葱郁连绵,荫天蔽日,境界幽绝,成为扬州人晨练的好去处。

"长堤春柳"的北端,是湖上庭院式的景点——"徐园"。此地原是"桃花坞"故址,民国年间,为祠祀军阀徐宝山而建。园大门开在院落东南角,一对憨态可掬的石狮,直对长堤。入园,有盈盈一水,植荷为池,湖石驳岸,环植桃柳。池北有屋三楹,原为享堂,今改之为"听鹂馆"。听鹂馆之西,又有坐西朝东的小榭三间,额题"青草池塘吟榭"。其西,有曲廊通达"疏峰馆"。厅前可见湖石数峰,形状怪异,或佝偻俯伏,或清峙独立,或宛转险怪,或剔透玲珑,别有意趣。曾有学者建议,"徐园"之名,应淡化军阀徐宝山,改为纪念南宋时期的徐湛之。这一建议,有创见,有新意,如予采纳,甚为有益。史料记载:"广陵旧有高楼,湛之更加修整,南望钟山。城北有陂泽,水物丰茂,湛之更起风亭、月观、吹台、琴室,果竹繁茂,花药成行,招集文士,尽游玩之适,一时之盛也。"徐湛之的造园,是见之于史册的扬州的第一次造园活动,也是扬州第一座利用原有陂泽而建的山水园林,瘦西湖内至今仍有风亭、月观、吹台、琴室诸景,都是袭用徐湛之旧名。徐湛之可誉为扬州的造园始祖,用"徐园"作为纪念,既是寓名怀古,更可让游人不忘前贤。

出"徐园"东门,越春波桥,穿过湖中岛屿"荷浦熏风",到达瘦西湖南湖的东北端,便是"四桥烟雨"。清代奉宸苑卿黄履暹的别业"趣园"中有二景,以长春桥为界,桥西为"水云胜概",桥东为"四桥烟雨"。今桥东的"趣园",大门北向，有"四桥烟雨楼"、"锦镜阁"等建筑，掩映在修竹丛桂、藤蔓披拂的密林之中。"四桥烟雨楼"为瘦西湖上登高观景的佳处，近处芰荷漫漫、远处画船点点，左有春波桥、右有长春桥、更远处则是玉版桥和五亭桥。若是烟雨时分登楼，眼前景象朦胧一片，似实若虚，亦幻亦梦，如入仙境。

当年的乾隆对这一带的风景尤有兴趣，赐名"趣园"，乾隆二十七年临幸，又手书对联两副："目属高低石，步延曲折廊。""萦回水抱中和气，平远山如蕴藉人。"三年后再次入园，再一次手书对联一副："何曾日涉原成趣，恰值云开亦觉欣。"乾隆六次南巡，在扬州留下的诗词、对联和题额，达百十之多，仅趣园就有题诗四首。"何曾日涉原成趣，恰值云开亦觉欣"一联，虽是取陶渊明《归去来辞》中"园日涉以成趣，门虽设而常关"之意，但切合园景，浑然天成。若是有人为乾隆作品作一次评选，此联可评为上乘之作。

瘦西湖的南湖，地形多样，西侧是坡冈堤岸，东边是岛屿汀渚；植被也最为茂密，岸上有桃柳榆杨，水中有蒲艾菱藕。虽有人工建筑点缀其间，但"片山块石，似有野致"（计成《园冶》）。南湖的郊野之趣，与北城河上的市井之风构成了鲜明的对比，扬州著名书法家王板哉有集句联："佳气溢芳甸，宿云澹野川。"借以表述心中的感叹。此联悬挂在"长堤春柳"的晓烟亭上。"芳甸"之情和"野川"之韵，构成了南湖的景观特色。

三、中湖风景

写书作文，并无定式。但有人总结出"起、承、转、合"的写作规律，又有人认为"凤头、象肚、豹尾"的布局，才是一篇佳作的典范。应该说，这一类的表述颇有见地。如果说瘦西湖是一篇美文，前文所述的"北城河"和"南湖"，就是这篇美文的"起"和"承"，亦就是这篇美文的"凤头"了。循着上述的"规律"和"布局"，我们不妨进入瘦西湖的中湖，看看瘦西湖这篇美文是如何精彩地一"转"，如何描绘出光彩夺目的"象肚"。

"徐园"之北，"四桥烟雨"之西，有一座"小金山"。"小金山"名为"山"，实则是"岛"，仅南边的小虹桥与北侧的玉版桥和外部通联，是瘦西湖上最大的岛屿。相传此山是疏浚湖水时，用湖泥垒高而成。与自然的崇山峻岭相比，小金山显然是不高、不大，更不险峻。可能是湖泥肥沃，也可能是湖水滋润，山上的植被却是十分茂盛，加上人工建筑点缀其间，有山道曲折陡峭，有虚阁半举云空，有幽洞藏于山麓，有风亭矗于巅峰，更有月观、琴室、湖上草堂、绿荫馆等诸多建筑，散置于山麓周边的临水岸边。因而，小金山虽小，却不失川岳风度。夹于四水之间，尤有大千气象。

小金山位于南湖进入中湖的转角处。虽不高峻，却是瘦西湖上的制高点。从瘦西湖的宏观或整体上看，湖上需要一个制高点。大家知道，其他的艺术，如小说、戏剧、音乐、舞蹈、绘画等，都是有节奏、有高潮的。没有节奏、没有高潮，作品就缺少跳跃性、缺少震撼力，就会因松散、平白而使人厌倦。园林是空间艺术，也需要节奏和高潮，小金山就是瘦西湖空间结构上的节奏和高潮。

对于瘦西湖这样一个以湖景为主的园林来说，受地形的限制，亭台楼阁、竹石花木等都是平面地展开，虽说有坡冈、楼阁等予以高低调配，但基本上是一个平面的构图，更何况游人从北城河和南湖一路走来，行程过半，沿途的风景，从总体上看，都是横向的，如果再依次延展下去，难免会使游客产生倦乏之感。

华冀纶《画说》："画有一横一竖，横者以竖者破之，竖者以横者破之。"这是善绘画者都知道的。相对于湖景而言，小金山的出现，就是"横者以竖者破之"。作为制高点，小金山透空而起，卓然独立，以其堆秀耸翠的身影，拔高了瘦西湖的立体空间，丰富了湖区的立面造型，形成了瘦西湖空间结构上的节奏和高潮。尤其是登临山顶的风亭，仰接云气，俯瞰碧水，极目四望，统领全景，确有引人入胜的魅力。

陈从周在《园林谈丛》说过："我国古代造园……既有'寻景'，又有'引景'。何谓'引景'，即点景引人。……前人安排景色，皆有设想，其与具体环境不能分隔，始有独到之笔。"小金山以湖区为景，湖区又以小金山为景。小金山兼具"寻景"和"引景"互动审美的功能，这让人想起卞之琳的《断章》诗："你站在桥上看风景，看风景人在楼上看你。明月装饰了你的窗子，你装饰了别人的梦。"于是，瘦西湖这篇美文，用既在情理之中，又在意料之外的"破之"手法，用"独到之笔"，完成了"起"、"承"之后的精彩一"转"。

　　沿小金山西麓往西,有一条长堤远远地伸入湖心,长堤最西端有一黄墙黑瓦,重檐攒顶,似亭又似阁的建筑。内有横额,曰"吹台"。"吹台",又俗称"钓鱼台"。南北朝时期徐湛之造园,即有"吹台"。此处移用于旧名,有引人思古之意。然而,"吹台"为何叫作"钓鱼台"呢? 相传,乾隆南巡,来到扬州。某日,皇上突发雅兴,要在湖上钓鱼。平素从不钓鱼的皇上,哪能说钓就能钓到,钓不到,岂不败兴! 有一个盐商灵机一动,让一渔民用荷叶遮顶,用荷梗换气,潜入水中,待皇上的鱼竿伸下来,用事先备好的大鱼钩上钓丝。竿起鱼跃,皇上龙颜大悦,众人欢呼称颂。由此,"吹台"便叫作了"钓鱼台"。

图 3-6　吹台框景

　　如今的钓鱼台上也有"欢呼称颂"的场面,但不是钓鱼,而是摄影。钓鱼台面东,雕花罩槅为门,其他三面皆是门洞,形如满月。透过南向和西向的门洞,可见瘦西湖上标志性的建筑:北塔和五亭桥,如若在一个特定的角度摄影,一洞:北塔拂云,另一洞:五亭桥卧波,构成画面感极佳的"框景"。"框景"是一种高妙的造园艺术手法,有人赞美它是"无心画"、"尺幅窗"。"吹台框景"是瘦西湖上"框景"艺术的代表作,游人在此摄下一张"框景"的影像,无不为美的发现而"欢呼称颂"。

　　吹台往西的湖面,是瘦西湖最开阔处,画船点点,碧波漾漾,显现出水阔岸远的"水云乡"气概。然而,湖水在远远的五亭桥畔却又是渐次收窄,流过五亭桥后又渐次放开,这一放一收,如同玉瓶收颈,又如美人束腰。在小金山上俯视,好似有一支神来之笔,画出了眼前的曲线和韵律,其柔美,其轻灵,令人心醉神迷。

这神来之笔的落墨处,便是那一座遐迩闻名的"五亭桥"。"五亭桥"是俗称。乾隆二十二年(1757年),巡盐御史高恒为迎接乾隆第二次南巡,挖开湖上的莲花埂,以便皇上的画舫直达平山堂下。莲花埂挖开了,为便利皇上的陆路回程,高恒又在莲花埂的原址上建成了这座桥,名为"莲花桥"。如此说来,"五亭桥"又可谓之"接驾桥"了。建造五亭桥,主观上是为了"接驾",客观上却为瘦西湖增添了不可多得的一景。著名桥梁建筑专家茅以升赞誉此桥是"中国古代交通桥与观赏桥结合的典范"。

五亭桥的造型,典雅别致,上建五亭,覆以琉璃;檐挑四角,系以风铃。立柱悬顶,绯红为饰;条石护栏,黄褐为基。桥洞拱卷,正侧十五;洞洞涵月,滟如瑶池。限于篇幅,此处仅是略述,如若笔触再为细腻,几乎可以写出一篇长长的《五亭桥赋》。历史上文人墨客赞美五亭桥的很多,如清人黄鼎铭所写的《望江南》:

> 扬州好,高跨五亭桥。面面清波涵月镜,头头洞天过云桡。夜听玉人箫。

又如当代戏剧家、诗人田汉所写的《瘦西湖》:

> 春堤十里柳千条,如此风光入素描。
> 平视侧观都艳艳,瘦西湖上五亭桥。

诗人郁达夫《扬州旧梦寄语堂》则是用散文的笔调歌颂:

> 瘦西湖的好处……几个弯儿一绕,水面阔了,猛然间闯入眼来的,就

是那一座有五个整齐金碧的亭子排立着的白石平桥,比金鳌玉蝀,虽则短些,可是东方建筑的古典趣味,却完全荟萃在这一座桥,这五个亭上。

五亭桥之美,还不仅在于它自身,更在于它与周边的景点形成了一个呼吸照应、生气灌注的意境美的整体。登桥四望,东面有小金山、吹台和凫庄,南面有白塔、法海寺,西面可见熙春台、玲珑花界,北面可见白塔晴云、万花园。五亭桥与周边的十数个景点,既相互"对景",又相互"引景",构成了一个相关相依、互为协调的景观整体。

清人朱和羹《临池心解》论画说:"写山水家,万壑千岩经营满幅,其中先立主峰,主峰立定,其余层峦叠嶂,旁见侧出,皆血脉流通。"五亭桥将周边的景点聚引在身边,相互"引景",互为"对景",但也不是相互等同,平分秋色。五亭桥如同瘦西湖上的一轮明月,周边景点如同灿烂闪烁的群星,群星拱月,有主有次,"主峰立定",主次相生,共同组合成为一幅整体的富有意境美的"场景"。有"引景",有"对景",又有"场景",于是,游人恋恋不舍,久久不愿离去。

五亭桥上西眺,湖水似乎有一尽头,尽头处有一组建筑,李斗《扬州画舫录·冈西录》誉之:"一片金碧,照耀水中,如昆仑山五色云气变成五色流水,令人目迷神恍,应接不暇。"其实,游人眼中的尽头,仅是瘦西湖中湖的西端。湖水在此北折,越过二十四桥,还有长长的一段委婉曲折,方才抵达蜀冈脚下。那组"一片金碧,照耀水中"的建筑,是中湖西端的熙春台。

按风景区板块式的划分,熙春台划在二十四桥景区内。然而从游人的行程看,熙春台可看作中湖的终点,也可看作北湖的起点。更重要的是,瘦西湖的中湖,东端的小金山,中间的五亭桥和西端的熙春台,如同三颗连星,一气呵成,构成了中湖完整的画面。

熙春台是"春台明月"的主体建筑,在《扬州画舫录·冈西录》中,作者李斗有一段详细的描述:

熙春台在新河曲处,与莲花桥相对。白石为砌,围以石栏,中为露台。第一层横可跃马,纵可方轨;第二层建方阁。上下三层,下一层额曰

"熙春台"。柱壁画云气,屏上画牡丹万朵。上一层旧额曰"小李将军画本",王虚舟书;今额"五云多处"。柱壁屏障,皆画云气。飞甍反宇,五色填漆。上覆五色琉璃瓦,两翼复道阁梯,皆螺丝转。左通圆亭重屋,右通露台。一片金碧,照耀水中,如昆仑山五色云气变成五色流水,令人目迷神恍,应接不暇。

图 3-7　熙春台

如今的熙春台以及南边的露台假山、北边的二层高阁,均是在原址上按照李斗的描述重建,不减当年的"金碧"气象。当年建造熙春台,是扬州盐商给乾隆祝寿,今日的熙春台底层,悬有"春台祝寿"横匾,以存故实。

熙春台对岸,有一组江南水庭式建筑,名"望春楼"。这一组建筑的造型和风格且不去说,单就建筑的定名和用匾,即大有深意。

望春楼之名,尚易理解,顾名思义可知,是以对岸的熙春台为"对景"。有意味的是,望春楼移用了熙春台的旧额:"小李将军画本"。匾额虽是移用,可谓恰到好处。唐代李思训、李昭道父子开创了中国金碧山水画派,望春楼悬用旧匾,即是形容对岸的金碧辉煌的熙春台如同一册"小李将军画本",呈现在游人眼前。虽说这一事理有点曲里拐弯,但明白之后,会有恍然大悟之慨。

游人的"恍然大悟"还不止于此。瘦西湖的中湖，呈现出"金碧"气象的，除熙春台外，五亭桥、白塔、玲珑花界等都有，五亭桥的金黄琉璃瓦，白塔的鎏金宝刹顶，玲珑花界的牡丹芍药，都有北方皇家园林的身影。这与瘦西湖北城河、南湖及北湖的"素淡"，呈现出不一样的情调和不一样的境界。这种"不一样"，其实就是南方宅园与北方宫苑的嫁接，是"南方之秀"与"北方之雄"的融合。

游人进入中湖，在小金山看到了一"转"。其实，小金山的"转"，仅是空间结构上的"转"，是形式意义上的"转"。瘦西湖这篇美文，还有另一层意义上的"转"，这就是"金碧"辉煌中流露出来的富丽和高贵。中湖的"富贵气"，是表现技法上的"转"，更是风格意义上的"转"。如此说来，瘦西湖的中湖，景点密集，风格多样，意境各异，内涵丰盈，称得上是瘦西湖这篇美文丰硕而又多彩的"象肚"了。

四、北湖风景

中湖折弯向北，水面或阔大，或瘦削，或弥漫入汊，或回旋抱渚，这便是瘦西湖的北湖了。

熙春台北望，近处湖水涟涟，画船游弋；远处层林黛染，蜀冈隐约。其间有一座单孔的白石拱桥，如长虹卧波，如玉带凌空，亭亭玉立在碧波荡漾的湖面。这就是从古至今都令人扑朔迷离的"二十四桥"。这座桥的扑朔迷离与一首诗有关。

一千多年前的唐代，著名诗人杜牧一时兴起，不经意间写下了一首千古绝唱：

青山隐隐水迢迢，秋尽江南草未凋。

二十四桥明月夜，玉人何处教吹箫？

自从杜牧的名句传世后，人们关于这首诗的争论就从未停息过。有争论其中一个字的,究竟是"草未凋"?还是"草木凋"?一笔之差,意境迥异,各执一理,至今未有定论。更多的争论,是围绕诗中的三个字——"二十四"。这"二十四"究竟是一座桥?还是第二十四座桥?也是至今未有定论。仅是笔墨之争倒也罢,有人还到扬州专程寻访,想一探究竟。著名画家丰子恺就来过,还著文说明了自己寻访的经过,大概是无果而返,所写的文章,也无奈地叫作《扬州梦》。

其实,诗无达诂,也无须"达诂"。一首好诗,诗意的不确定性和模糊性,往往就是其魅力所在。明代诗人谢榛在《四溟诗话》中说:"凡作诗不宜逼真,如朝行远望,青山佳色,隐然可爱,其烟雾变幻,难于名状。及登临非复奇观,唯片石数树而已。远近所见不同,妙在含糊,方见作手。"欣赏杜牧的这首诗,也需要"朝行远望"。

眼前的这座二十四桥,是 1990 年修建的。有人过桥后,津津有味地测算出:桥长二十四米,桥宽二点四米,东西两边各有二十四级台阶,又有二十四根汉白玉栏杆。这在工程设计时,也许可以理解,总要为设计寻找一些"寓意"嘛。但是游人也把一座造型流畅、曲线柔美的景观桥,看成长、宽、高各是几许的数字桥,这就味同嚼蜡了。如同我们饶有兴味地读了《红楼梦》,再去深究林黛玉的身高、体重、血压、臀围、腰围、胸围,等等。体检的数据有了,林黛玉的娇美也顿然消失了。二十四桥是一座"诗桥"。欣赏杜牧诗需要"朝行远望",欣赏"二十四桥"更需要"朝行远望"了。

过二十四桥前行,可达瘦西湖上又一座庭院式建筑——"静香书屋"。静香书屋的原址,是乾隆年间奉宸苑卿衔徐士业的郊园,乾隆第四次南巡来到扬州时,入园观赏,并赋诗一首,诗中有"水色清依榭,竹声凉入窗"句,故赐名"水竹居"。

静香书屋原为水竹居的一部分,李斗《扬州画舫录·冈东录》记载:"是园……中建静香书屋,汲水护苔,选树编篱,自成院落,如隔人境。"因"扬州八怪"代表人物金农曾在此寓居,以静香书屋作为画室,故而近年来重建后,改以"静香书屋"之名总领全园。如今,各地都在"打造"旅游景点。皇上亲自为景点赐名,若在其他地域,正是求之不得,扬州却是舍弃不用,真是令人费解。

图 3-8 静香书屋

金农是杭州人,长年在扬州卖画为生,境遇不佳时,如其《广陵客舍寄答谢大遵王》诗中所说:"一月闭门恒自饥,连朝养疴懒赋诗。高僧送米苦难得,残客索书俨不知。……"可见穷困潦倒至极。但金农是"扬州八怪"的中坚,在当时的中国书画界有很大的影响和很高的威望,绘画上尤擅画梅,书法上又独创"漆书"。就连性情高傲的郑板桥也十分钦佩金农,赋诗赞誉:"银河若问支机石,还让中原老匹夫。"如此说来,景点的改名便不再"令人费解"了。明眼人一看便知,这是扬州人对文化的崇敬、对人才的景仰。

水竹居中除静香书屋外,当年还有一处以山石水泉为特色的著名景点:"石壁流淙"。当初,李斗在《扬州画舫录·冈东录》中有一段精彩的描绘:

> 石壁流淙以水石胜也。是园辇巧石、磊奇峰、潴泉水,飞出巅崖峻壁而成碧淀红涔,此石壁流淙之胜也。先是土山蜿蜒,由半山亭曲径逶迤至此,忽森然突怒而出,平如刀削,峭如剑利,襞积缝纫。淙嵌洑岨,如新篁出箨,匹练悬空,挂岸盘溪,披苔裂石,激射柔滑,令湖水全活,故名曰"淙"。淙者,众水攒冲,鸣湍叠濑,喷若雷风,四面丛流也。

近年来成功复建了这一景点,其规模、其气势、其韵味,一如李斗的描述,丝毫不减当年。

静香书屋以北,至蜀冈脚下,有清妍室、香雪亭、小吹台等诸多建筑,隐匿在浓密的树林之中,这儿是湖上又一个以花木造景的景点,有一牌坊立于河岸,上书:"锦泉花屿"。

静香书屋和锦泉花屿都在北湖的东岸,与此相对的北湖西岸另有一处他处少见的景观——"碑刻长廊"。长廊缘岸傍水,延绵向北,随形而弯,依势而曲。遇坡筑以台阶,逢水架以廊桥,委蛇起伏有百楹之远,依形度势达数里之遥。有人估算,其廊道之长,仅次于北京颐和园,可列为中国第二。

长廊以形制取胜,更以碑刻享名。其碑刻,以郑板桥书写的"歌吹古扬州"为起领,每字方丈,气势宽博恢弘。除郑板桥外,还有金农、边寿民、李鱓、汪士慎、高凤翰、李方膺、高翔、华嵒、黄慎、李勉、闵贞等大师的稀世之珍。另外还有史可法、乾隆、石涛、伊秉绶、吴熙载、阮元、康有为等名人的传世作品。逐一浏览,犹如阅读了一部简明的扬州书法史。

长长的碑廊,黑瓦单檐两坡顶。西侧,白墙嵌碑,东侧,列柱引景。缘着湖水蜿蜒北去,如同一条黑白相续的波浪线,轻盈、律动、柔美。这种场景,很容易使人联想起成公绥《隶书体》所说一波三折的隶书之美:"轻拂徐振,缓按急挑。挽横引纵,左牵右绕,长波郁拂,微势缥缈……"对书法爱好者来说,这一路走去,读的是"碑",赏的是"景",悟的是"道"。

若以游船说,到了碑廊北端的"蜀冈朝旭"、"春流画舫"就算到了尽头,"两堤花柳全依水,一路楼台直到山"的景点也可说是到了终点。然而,瘦西湖作为完整的景观,"一路楼台直到山"的"山",才刚刚清晰地展现在游人的眼前。这座山,就是苍翠延绵、横亘东西的蜀冈。

南朝陶弘景《答谢中书书》中说:"山川之美,古来共谈,高峰入云,清流见底……"山与水,总是相生相依,水随山转,山因水活。作为景观,蜀冈仍是瘦西湖风景区极为重要的一部分。

蜀冈,王安石《平山堂》赞誉为"城北蜀冈走翠虬,一堂高枕两三州"。秦少游《次韵子由题平山堂》则赞誉为"游人若论登临美,须作淮东第一观"。其实,在王安石、秦少游的眼中,他们所赞誉的还不仅仅是蜀冈这座自然的山,更赞誉的是心目中的另一座无比高峻的"山"——平山堂。

图 3-9　栖灵圣镜

　　蜀冈有三峰,平山堂坐落在中峰。中峰有一座大明寺,平山堂仅是依傍着寺庙院墙的一座建筑。从体量上看,平山堂要比寺院里的栖灵塔、大雄宝殿、藏经楼等其他建筑低矮得多。然而平山堂的声名,却是王安石和秦少游所说的"一堂高枕两三州"、"须作淮东第一观"。别的且不说,走进扬州老城去"民调",知平山堂者多,知大明寺者少,就是一例明证。

　　平山堂之所以有如此的声名,缘于建造它的主人——欧阳修。北宋庆历八年(1048 年),欧阳修来到扬州,出任知府。公务闲暇,在蜀冈建堂,为宴客和诗会之所。堂建成之日,取"江南诸山来与此堂平"之意,名"平山堂"。刘克庄《避暑录话》记载:

　　　　欧阳文忠公在扬州,作平山堂,壮丽为淮南第一。堂据蜀冈,下临江南数百里,真、润、金陵三州隐隐若可见。公每(于)暑时,辄凌晨携客往游,遣人走邵伯(湖)取荷花千余朵,以画盆分插百许盆,与客相间。遇酒行(令),即遣妓取一花传客,以次摘其叶,尽处则饮酒,往往浸夜,载月而归。

宾主同欢,载月而归。欧阳修一时兴起,挥毫泼墨,写下了千古名篇《朝中措·平山堂》:

> 平山栏槛倚晴空,山色有无中。手种堂前杨柳,别来几度春风。
>
> 文章太守,挥毫万字,一饮千钟。行乐直须年少,尊前看取衰翁。

词中的"文章太守"四字,成为后世到扬州为官者的褒奖之词。换句话说,在扬州这块土地上为官,当以"文章太守"为上。

苏东坡也曾在扬州为官,是继欧阳修之后的又一位"文章太守"。他也为平山堂写下了一首词——《西江月·平山堂》:

> 三过平山堂下,半生弹指声中。十年不见老仙翁,壁上龙蛇飞动。
>
> 欲吊文章太守,仍歌杨柳春风。休言万事转头空,未转头时皆梦。

欧阳修和苏东坡的人品、文品,才气、人气,使得平山堂享誉海内外。后世到扬州的文人墨客,几乎没有不去顶礼拜谒的,吟诵的诗词歌赋则是以千百计数。于是,平山堂成了一座"诗堂"。

瘦西湖的北湖,南端有一座"诗桥",北端又有一座"诗堂",再加上"净香书屋"和"碑刻长廊"等等,尽管游人眼中看到的还是那些亭台草木,但萦绕在其中的书卷气,却如"豹尾"一般,使瘦西湖完成了从"人工景观"到"人文景观"的升华,令人瞩目,使人难忘。

陈从周先生在他《说园》一文的开头,有一段提纲挈领的表述:"中国园林是由建筑、山水、花木等组合而成的一个综合艺术品,富有诗情画意。叠山理水要造成'虽由人作,宛自天开'的境界。山与水的关系究竟如何呢?简言之……山贵有脉,水贵有源,脉源贯通,全园生动。"借用陈从周先生这一段话语,瘦西湖从御马头到平山堂,也是"虽由人作,宛自天开",且"脉源贯通,全园生动","富有诗情画意"。瘦西湖景区有一处石刻,上书"诗画瘦西湖"五个字,古往今来,对瘦西湖有无数的评价,这五个字无疑是其中最为简要、最为精当的。

第四节　瘦西湖景区风情

一、湖上画舫

游览瘦西湖，可陆路，也可水路。不过，既然是游湖，当以水上坐游船为胜。

游船的好处是显而易见的。明末清初文学家、戏曲家李渔在《闲情偶寄·居室部》中曾说："船之左右，止有二便面，便面之外，无他物矣。坐于其中，则两岸之湖光、山色、寺观、浮屠、云烟、竹树，以及往来之樵人、牧竖、醉翁、游女，连人带马，尽入便面之中，作我天然图画，且又时时变幻，不为一定之形。非特舟行之际，摇一橹，变一象，撑一篙，换一景，即系缆时，风摇水动，亦刻刻异形。是一日之内，现出百千万幅佳山佳水，总以便面收之，而便面之制，又绝无多费，不过曲木两条，直木两条而已。""摇一橹，变一象，撑一篙，换一景……一日之内，现出百千万幅佳山佳水。"真是佳妙之至。对瘦西湖来说，湖上的游船，既是交通工具，更是不可或缺的一景。

游船，是人们的习常用语。在扬州，游船还有一个更为精准的用词，叫"画舫"。

画舫是一种装饰华美的船，专供人们游览之用。画，指彩绘装饰。舫，指连体方舟。东汉许慎《说文解字》解释："舫，并舟也"，可知，舫不是普通的单体船，而是指两只单体船并连在一起的船。为能在水面上登高望远，隋唐以前的画舫上常建有楼阁。起初，单体船因其宽度小，稳定性差，不能在上面建楼。为了提高船的稳定性，就把两只船并起来，使舱面连为一体，其上也就可以造楼盖阁了。东晋时无锡大画家顾恺之的《洛神赋图》上就画有一艘画舫，就是连体的雕梁画栋的楼船。唐以后，船体越造越大，单体船上也能造楼阁，画舫也就不再需要两船连体。渐渐地，游览船为了稳定和舒适，也不再建楼阁。这样的一些船，后世仍称为画舫。

江南画舫，起源很早，史书上有吴王阖闾和夫差乘华美的船在太湖游玩的记述。《三国志·吴书·贺齐传》也说到吴国大将贺齐"所乘船雕刻丹缕，青盖绛檐……望之若山"。西晋时文学家左思有名篇《吴都赋》，其中写道："泛舟航于彭蠡，浑万艘而既同。弘柯连轴，巨舰接舻，飞云盖海，制非常模。叠华楼而岛峙，时仿佛于方壶。……"这些史料都说明长江下游的画舫，早在隋唐以前就已经"制非常模"，在中国造船史上独树一帜了。也是因为江南有建造画舫的传统和技艺，故而到了隋代，隋炀帝便有了两次在扬州大造龙舟的"壮举"，并三次乘龙舟驾临扬州。其规模之大、数量之巨、装饰之美，在中国及世界造船史上和航运史上都是十分罕见的。

清代《南巡盛典》中载有一首乾隆的诗，其中云："清晨解缆发秦邮，落照维扬驻御舟。"乾隆下江南，所乘的龙舟在形体上虽不及隋炀帝的那么宏大，但在华美精致上毫不逊色。《南巡秘纪》一书描述："御河如带，画鹢衔尾而进，锦缆牙樯无虑千百。……大舟楼船之上层，冠珠被锦，金龙璀璨附其体。"可见，乾隆的龙舟不亚于隋炀帝的龙舟。

除帝王乘坐的龙舟外，民间也有各种各样的画舫，这些画舫在雕梁画栋上虽不及龙舟那样华贵，但在样式上却更有特色。江淮一带的画舫，无论是数量之众多，还是形制之精巧，当以清代扬州为最。

清代扬州的著名学者李斗，历时三十年，撰写了中国地域文化史上的名著《扬州画舫录》。这本书虽然名为"画舫录"，却不是专言"画舫"，而是借"画舫"为题，以笔记体的形式，记述了康乾年间扬州民众丰富多彩的生活场景。李斗《扬州画舫录》虽是托名，却在书末专列一卷，即书中的第十八卷《舫扁录》，专门讲述画舫。这让我们今人得以详细地知晓清代扬州"画舫"的名称、来历和形制。

关于扬州民间画舫的起源，李斗认为"扬州画舫，始于鼓棚"。鼓棚，是一种用于驳盐的船，这些驳盐船因年久腐朽，不能用于长途运输，便拖入内河，经过一番改造装修，"架以枋楣椽柱"，便为画舫。由于这些驳盐船原本体量较大，改造后可在画舫上置办酒席，最大的可置三席，谓之"大三张"，席面稍小的，谓之"小三张"。还有一些船原本是驳盐船的脚船，船型小巧，改造后的"枋楣椽柱"如同架空的"瓜蔌架"，便谓之"丝瓜架"。又有一类船叫"飞仙"，是木顶船，原本是扬州一位姓沙的所造，因速度快捷如飞，又称之为"沙飞"。"沙飞"原本是用船篙撑着行进，梢舱里常设有炉灶，以备客需。如果没有炉灶，就谓之"江船"。如果用橹作动力，就叫"摇船"。用单桨划行的叫"划子船"，用双桨的就叫"双飞燕"，又叫"南京篷"。"沙飞"船如果是前部是席棚，后部为木顶，则俗称"牛舌头"。若是重檐飞舻，有小卷棚的，就叫"太平船"。用棕麻盖顶，就叫"棕顶"。高档的"沙飞"两侧舷窗镶嵌玻璃，则谓之"玻璃船"。

扬州画舫都有舫匾，民众即以舫匾或民众的俗称以呼其名。《扬州画舫录》中逐一列举了从明代末年到乾隆年间各条画舫，有 261 条之多。有的不仅列出其名，还指出船的特点和船名的来历。有一条船，名"红桥烂"，李斗的注释为："'大三张'无灶。惟此船设茶灶于船首，可以煮肉。自码头开船，至红桥则肉熟，遂呼此船为'红桥烂'。"又有一船，名"孔三张"，这条船是一条"大三张"，是因为"中有孔东塘(孔尚任)书'壶觞须就陶彭泽，风俗犹传晋永和。'一联"而得名。

游人多，画舫多，码头也多。民国时的码头有：高桥、便益门、广储门、天宁门、北门、小东门、大东门、南门上下两码头、西门、虹桥和平山堂等。如今，北城河的御马头和南湖的大虹桥，是大型画舫"龙舟"的启航处。小划子、游艇一类的游船，在湖上则有十多处停泊点，以待游客租用。

当年的龙舟是帝王的专乘，仅有一艘。如今的龙舟却有十多艘，全都是电动的，富丽堂皇，都标着"乾隆号"的字样。外观不逊于当年，内里却更为讲究。在装有空调的座舱里，游客们手捧一杯香茶，倚靠在柔软的沙发上，伴着《好一朵茉莉花》的轻音乐，欣赏那"两堤花柳全依水，一路楼台直到山"的美景。

"乾隆号"是舒适的，但船速太快，来去匆匆，赶路似的。若论游客的随心和观景的自由，其他的游船倒是更胜一筹。散文家朱自清对"小划子"更为喜好。虽说他那个年代还没有"乾隆号"，即使有，他在《扬州的夏日》一文也讲述了自己独特的看法：

> 船有三种：大船专供宴游之用，可以挟妓打牌。……其次是"小划子"，真像一瓣西瓜，由一个男人或女人用竹篙撑着。乘的人多了，便可雇两只，前后用小凳子跨着；这也可算得"方舟"了。后来又有一种"洋划"，比大船小，比"小划子"大，上支布篷，可以遮日遮雨。"洋划"渐渐地多，大船渐渐地少，然而"小划子"总是有人要的。这不独因为价钱最贱，也因为它的伶俐。一个人坐在船中，让一个人站在船尾上用竹篙一下一下地撑着，简直是一首唐诗，或一幅山水画。而有些好事的少年，愿意自己撑船，也非"小划子"不行。

画家叶灵凤与朱自清有同样的偏好，只是他另有一层打算。他在《烟花三月下扬州》中说了自己的亲身经历："我总是在西门的桥下雇一只小船，叫他沿湖缓缓地划，一直划到平山堂，然后弃船上岸去写生，同时同船家约好，在夕阳西下之际，到原处来接我回去。"

至于朱自清提到的"宴游"，作家曹聚仁在《食在扬州》一文中有一番详细的描述："富贵游家，以大船载酒，数艘并集，衔尾以进，至虹桥外，乃可方舟，宾客喧阗。"曹聚仁还借用李斗的话说："郡城画舫无灶，惟沙飞有之，故多以沙飞代酒船。……于是画舫在前，酒船在后，橹篙相应，放乎中流；传餐有声，炊烟渐上，幕帘柳下，飘摇花间，左之右之，且前且却。"如若不受篇幅的限制，扬州的画舫还衍生出又一个与地方风情有关的话题——"船菜"。如此一来，画舫中的"承载"可就是越来越多了：有帝王，有百姓，有风景，还有风情……

二、湖上船娘

谈游船，很自然地要说到船夫、水手、船老大。而扬州似乎有些特殊，话题最多的是说"船娘"。

船娘,外地也有,通常是指航船或是渔船上的女子,较多的是指中年妇女,她们与家人一道,随船漂泊,以船为生。在扬州,船娘一词,则是专指游船上的撑船女子。尤其是瘦西湖上的游船,摇橹撑篙者多是美貌的妙龄女子,扬州人还送给她们一个专用的词汇,叫"瘦西湖的船娘"。朱自清在《扬州的夏日》一文中,特意说到"瘦西湖上的船娘":

> "小划子"虽然便宜,却也有些分别。譬如说,你们也可想到的,女人撑船总要贵些;姑娘撑的自然更要贵罗。这些撑船的女子,便是有人说过的"瘦西湖的船娘"。船娘们的故事大概不少,但我不很知道。据说以乱头粗服、风趣天然为胜;中年而有风趣,也仍然算好。可能起初原是逢场作戏,或尚不伤廉惠;以后居然有了价格,便觉意味索然了。

朱自清的这一段文字,好像有所指,但也有遮掩,使人不理解,究竟说的是什么。联想到朱自清在另一篇《说扬州》的文章中说:"提到扬州这地名,许多人想到是出女人的地方。"这一个"出"字,与"起初原是逢场作戏"、"或尚不伤廉惠"等文字联系在一起,便可明白,朱自清的确有所指,是指花花世界里闹风情的那些事儿。

图 3-10 民国年间湖上船娘

船娘闹风情,于是"船娘们的故事大概不少"了。朱自清是诗人、散文家、学者,为人正直狷介,不屑将"船娘们的故事"写出来。但也有一些文人对此感兴趣,晚清扬州才子辛汉清常与冶春后社的一帮名士徜徉湖上,饮酒赋诗,竟然吟成七绝诗 102 首,编成一册《小游船诗》。诗中吟咏了八位船娘:莲娘、转娘、挡子、巧姑、沈家娘、四娘、小蔚、五子。诸如"烟水苍茫野渡头,转娘初学弄轻舟","天然丰韵沈家娘,新向桥头泛野航"等等,可列为"湖上八艳"了。

关于扬州船娘的具体情况,民国以前的史料,多是片言只语,十分零星。辛汉清在《小游船诗》的"自序"中说:"环湖渔家,近以瓜皮艇载客,夕阳明月,云影波光,着一二乱头粗服者于其间,绮语风情,半鸣天籁……"可知当时的船娘,多在瘦西湖环湖一带谋生。从辛汉清《小游船诗》"陆家庄在最西偏,剪韭留宾意特贤"、韩日华《扬州画舫词》"不知溪畔如云女,若个村居小苎萝"、严镜清《广陵杂咏百首》"半湖春水碧于纱,小苎萝村是妾家"、臧谷《和小游船诗》"钟家最与红桥近,春柳沿堤绿到门"等诗句揣测,长春桥西的陆家庄、红桥附近的钟家庄和北城河畔的小苎萝村都是瘦西湖船娘的聚集地。

瘦西湖上的船娘,不仅貌美,也有绝艺。《小游船诗》中多次出现"声声清越好喉咙,尝谓今天句谓工"、"诗格清奇墨气粗,舟中月下引毫书"、"是谁低舞谁低唱,凄咽声声《小上坟》"一类的字句,可知这些船娘颇有才气,能诗会画,能歌善舞。

民国小报多有反映扬州社会生活的文章,扬州船娘也常见报道,甚至有"小苎萝村十二钗"或者"小苎萝村十六钗"之说。传说当时扬州出名的船娘有"憨湘云"、"莽张飞"、"船娘子"、"红珍珠"、"玉唾壶"、"胡媚儿"、"冷香丸"、"第五泉"、"薄幸儿"、"小飞燕"、"活玉环"、"玉如意"、"女孟尝"、"赛文君"、"骚丫头"、"肥肉白"等。"十二钗"、"十六钗"的说法,有模仿、凑数之嫌。从名字上看,大概是一些游客叫出来的"浑名",论才貌,论气质,大概与"金陵十二钗"是无法相比的。

船娘似乎与文人有不解之缘。抑或是因为有了文人,才使后人知悉当年的船娘。郁达夫《扬州旧梦寄语堂》就有一段记述:

> 船娘的姿势,也很优美;用以撑船的,是一根竹竿,使劲一撑,竹竿一弯,同时身体靠上去着力,臀部腰部的曲线,和竹竿线条,配合得异常匀称,异常复杂。若当暮雨潇潇的春日,雇一个容颜姣好的船娘,携酒与

茶，来瘦西湖上回游半日，倒也是一种赏心的乐事。

作家洪为法在《扬州续梦》中还特意为船娘写过一篇专文，题目就叫《船娘》：

> ……战前的船娘在服装方面，似乎有一定的，多是黑色的绸裤，白色的布衫。这样的装束，衬映在绿沉沉的草木中，正是湖上不易见到的忘机鸥鹭，自很赏心悦目。……加之她们撑船的技术又很好，拿着一枝竹篙，很灵活的撑去，不管多远，篙子一上一下，衣服上不会溅到水点子，那种灵活的身躯，娴熟的技巧，像音乐之有节拍一样，如是你躺在藤椅上带着鉴赏的心情看去，会不由的暗自赞美。
>
> 年青的人们总是好动并且好胜，见到船娘们善于撑船，也便欣然学习，会叫船娘们坐在船里，由他们去撑。船娘们看着他们有时为了篙子拿不好，使得小划子在湖里回旋着，或者撑得欠缺技巧，拔起篙子把湖水溅得满身，会格格地笑成一团。在这边的柳阴中，在那边的芦苇旁，此起彼应的笑声，常是连缀成一串，然后慢慢地低微下去，终于沉没在湖风里。这真是湖上极美妙的点缀。……

洪为法的这段文字，极富画面感，读之，如临其境，如见其人，如闻其声。为我们今人研究船娘提供了极难得的资料。洪为法说"这真是湖上极美妙的点缀"，是很有道理的。古代诗论中有"意境说"，是说写诗或是欣赏诗，要"意与境会"（权德舆《左武卫胄曹许君集序》）、"思与境偕"（司空图《与王驾评诗书》），《吕氏春秋·适音》也说："耳之情，欲声，心不乐，五音在前弗听；目之情，欲色，心不乐，五色在前弗视。"可知，人们的审美，如同耳目之欣赏音色，情性必须悦乐。

同理，游人观景也要"意与境会"、"思与境偕"，只有情性悦乐，才能更好地品赏园林之美。瘦西湖上的船娘，用自身美妙的形象，为游人创造了"情性悦乐"的氛围，正如扬州冶春后社诗人臧谷在他的《和〈小游船诗〉》所说："烟水娱情不自知,凭栏我亦立多时。看他载得人三两,绝妙溪山入画诗。"于是,瘦西湖上的船娘,在消失了几十年后,又出现在游人的眼前。前几年瘦西湖风景区招聘"大学生船娘",还一度成为多家媒体的热门话题。抛开旧时代里"花花世界闹风情"的事儿不说,瘦西湖上的船娘,的确是瘦西湖上的一景。

正是有了她们,瘦西湖上才有一种他处少见的风情和雅韵。

第四章 瘦西湖催生的人文风采

扬州自古即是人文荟萃之地。兴也好，衰也罢，总能吊起文人的胃口，留下许多名篇佳作，从而成就扬州在中国文化版图上的地位。有感于此，孔尚任即说过，扬州是天下文人不可不去的地方，而瘦西湖又是文人流连忘返、赏景抒怀、诗酒文宴最理想的公共空间。

扬州发展的第一个高峰期是汉代，特别是吴王刘濞时期，都广陵，领三郡五十三城。李廷先先生在《唐代以前扬州经济、文化的发展进程》中说：

> 刘濞在广陵期间，除发展经济之外，还很重视文化活动。他招致了一批富有才学之士，有吴人庄忌（《汉书》避明帝讳作严忌），齐人邹阳，淮阴人枚乘等。来自南北两方的诗人、作家在一起生活、活动，广陵一时成为全国的文学中心，这是前所未有的盛事，在文化史、文学史上很值得重视。枚乘的著名作品《七发》即写于这个时期。这是反映古代扬州风貌的最早的一篇文学作品，其中"曲江观涛"一段，生动地描绘出当时广陵临江的壮丽景色，至今传诵。文中侈陈衣食声色之美，也曲折地反映了当时广陵地区的经济发展。邹阳的作品有《上吴王书》和《狱中上梁王书》（收录在《昭明文选》卷三十九）都很有文采。庄忌的作品有骚体《哀

时命》一篇(收录在《楚辞》中),他把大诗人屈原的诗风带到了中原。庄忌、邹阳、枚乘等在广陵的文学活动,流风余韵,影响深远。

隋唐时期,扬州是文人活动的重要城市。短命的隋王朝为盛唐的发展积蓄了充足能量,为后世执政者提供了人亡政息的惊心镜鉴,也为文学之士储备了兴怀咏叹的丰富史料。唐代扬州迅速上升到"扬一益二"的显赫地位,李白、高适、刘长卿、刘禹锡、白居易、姚合、张若虚、杜牧、李绅等数以百计的大诗人、大学者,或持节于此,或漫游于此,或做幕于此,留下了许多杰出诗文。如果以唐代诗文来绘制文化地图,扬州无疑是唐代的文化高原。许多人就是从唐诗中认识扬州的。

宋代,出现了一个很特殊的现象,这就是"文章太守"。王禹偁、宋庠、韩琦、欧阳修、富弼、陈升之、鲜于侁、吕公著、苏轼、张耒等一大批学者任扬州知府,大力倡导诗文,故扬州一地之文风,盛于他郡。特别是欧阳修,庆历八年(1048年)"新政"失败之后,由滁州调任扬州知府,职务全称为:起居舍人知制诰知扬州军事兼管内堤堰桥道劝农使。欧阳修为政宽简,节用爱民,到任三个月就把衙署治理得如同僧舍一样宁静。公务之余则寄情山水,建平山堂,构无双亭,邀集社会贤达、文人雅士聚会其间,谈诗论文。南宋光宗绍熙元年(1190年),郑兴裔知扬州,修复平山堂,作《平山堂记》,云:"凡废兴成毁之故,岂不以其人哉!""事以人传,以人传人则传无穷。"这话是有道理的。正因为有欧阳修,所以平山堂文名远播。平山堂是扬州历史上修复次数最多的建筑,因为其中体现了文化的传承。

到了清代,这种精神得到进一步的发扬光大。经过明末清初屠城之惨祸,扬州元气大丧,但到康乾时期又达到鼎盛,其原因何在?人们往往将之归结于盐业,这是不完整的。如果我们将目光移到清前期就会发现,在扬州首先复苏的是文化。入清后,扬州首任两淮都转盐运使为周亮工。周亮工,崇祯庚辰年(1640年)进士,授监察御史,南明弘光朝任户部右侍郎,顺治二年(1645年)降清,即派任两淮盐运使,顺治三年(1646年)改任分巡扬州道。乾隆《江南通志》将周亮工列入名宦,讲亮工"授两淮运使,招徕众商,蠲政具举。

寻迁海防兵备,时民间妄讼,仇家陷以不轨,亮工以无事靖之,境内帖然"。其时,他还有一项重要活动,即拜访名士,当然不少人以贰臣视之,不配合。不管怎样,对文人心理起到了一种抚慰作用。

顺治十七年(1660 年)王士禛任扬州推官,情况有了极大的转变。王士禛,崇祯七年(1634 年)出生于山东桓台大官僚世家,幼承庭训,聪明过人,11岁应清童子试,县府道皆第一,22 岁会试中式,25 岁殿试中进士。少年得志,名满天下。一到扬州,礼贤下士,结交名流,"昼了公事,夜接词人"。而最为人称道的是两次红桥修禊。修禊,是上古流传下来的民俗遗风,是一种用来消灾祈福的仪式性活动。自晋王羲之等兰亭修禊后,则成了文人雅集的一种重要形式。王士禛之红桥修禊显然是承王羲之"兰亭修禊"与欧阳修"平山雅集"之遗风而来。

康熙三年(1664 年),王士禛与林古渡、杜浚、张纲孙、孙枝蔚、程邃、孙默、许承宣、许承家再次修禊红桥,有《冶春绝句十二首》。其影响进一步扩大,"于是过广陵者多问虹桥矣"。李斗《扬州画舫录》卷十开列了一份修禊诸人及王士禛在扬州所与往来者名单,凡 30 人,除部分扬籍、扬属或寓扬者,多为全国各地名流。此后,孔尚任亦曾于上巳日修禊红桥,参加者有吴蕳次、邓孝感、李艾山、黄仙裳、宗定九、查二瞻、蒋前民、闵宾连、王武、征景州、歙州乔东湖、朱慕、朱西柯、张楷石、杨尔公、吴彤本、赵念昔、王孚嘉、楚士允、文阒义等。他还为一家茶楼题榜"冶春社",因为王士禛曾赋《冶春词》于此。一座村野茶楼,经文人的点染宣扬,渐成湖上名区。

同是山东人的卢见曾于乾隆二十年、二十二年两次修禊虹桥,贺万里《文游·狂欢·独酌——扬州雅集的三段论》认为是把这一文人雅士的聚会变成了"盛清扬州的全民狂欢"。从这时可以看出,瘦西湖已经成为文人活动的中心。李斗《扬州画舫录》卷十说:"扬州为南北之冲,四方贤士大夫无不至此","有游迹数至而无专主之家,以虹桥为文酒聚会之地"。他认为,这是"为湖山增色",其实,岂止为湖山增色,直为湖山铸魂耳。

扬州八怪在湖上活动颇多,尤其天宁寺、西方寺等寺庙曾为一些画家的憩息卖画之所。这是康乾时期崛起于扬州,倡导领异标新、独抒心灵,与师古整饬主流画风相抗衡的一个画家群体,其主要画家约有 15 人,除 5 人为扬州府籍,余均为外地人。湖上风光给他们灵感和营养,他们的画作和活动也为扬州注入了新的生机、活力。

继扬州八怪而起的是扬州学派,他们把清代以汉学为中心的学术推向一个高峰。扬州学者学术活跃时间多集中于 18 世纪中期到 19 世纪中期,都是扬州人,平山堂、瘦西湖也成了他们学术交流和怡情养性之所。以阮元为例,阮元入仕前、致仕后及丁忧在乡凡 38 年,湖上是常游之所。乾隆六十年(1795 年)乙卯冬,阮元从山东调往浙江学政,过扬州,黄文旸、黄春谷、焦循、江藩等十来个友人在虹桥净香园为之饯行。是日寒雨满湖,未及平山而返,次日渡江,故留别诗有"旧雨今宵联舫听,暮云明日隔江飞"之句。嘉庆八年(1803 年)阮元入觐返浙过扬州,与诸友相聚于平山堂,为展重阳诗会。阮元作诗赠别:"不到虹桥漫四年,归来松菊尚依然。家山乍见翻疑梦,故友相逢尽似仙。旧雨一番文字香,重阳两度暮秋天。芙蓉楼句何珍重,吴楚连江又放船。"扬州学派学人有关瘦西湖的诗文甚多,不能一一详述。但总的体现了一种对家乡山水的热爱,充满了一种通经致用的学术精神。

洎乎晚清,盐法改制,盐业衰落,城市与经济基础被摧毁,咸丰兵燹,扬州两面受敌,元气大伤;加之漕运不畅,铁路改线,交通被边缘化,曾在康熙时期名居世界十大城市之列的扬州,无可奈何地退出了繁华行列,沦落为一个江北小城。但文化之火并未消歇。由臧谷牵头,组织了冶春后社。冶春后社有120 多名成员,诗作亦多散落,虽有一二有影响者如陈含光、方尔谦、董玉书等,但整体上只是一种地方性的文学社团了。1921 年,康有为来扬住瘦西湖"春草池塘吟榭",即"冶春后社"社址,有诗纪之:"崇庸仡仡是扬州,千载繁华梦不收。芳草远侵隋苑道,芜城空认蜀冈头。名园销尽负明月,文物凋零思选楼。四十年来旧游处,邗沟漫漫水南流。"尽管衰落,尽管凋零,扬州的士大夫文化恰如邗沟之水不会断流。

第一节　士人踪迹与文化意象

如前所述，许多人从未来过扬州，在唐诗宋词中读了"烟花三月"、"二十四桥"，读了"玉人吹箫"、"二分明月"，从此便憧憬向往扬州。

也不仅是诗词，一座建筑、一则掌故、一张字画，甚至是一朵花儿，诸如"平山堂"、"琼花"、"红桥修禊"、"扬州八怪"等，都对人们有这样那样的吸引力和感召力。

探究缘由，似乎有这样一个规律：这些建筑、掌故、字画、花儿等，当初总是与士人的某些活动有关。有活动便有事件，事件传播开去，便产生了故事。故事广泛流传，社会参与选择，历史将其沉淀，大浪淘沙后留下的精华部分，便是一个个不朽的意蕴丰富的"经典"。这些"经典"，便是我们常说的"文化意象"。

历史上，在扬州活动的士人是一个特殊的群体，是一批因着艺术和学术的共同谐趣，聚合在一起的文化人，他们中有诗人、官员，也有学者、商人，尽管职业各不相同，但他们都有思想、有情调、有创见、有魅力。他们的活动留下了踪迹，产生了故事，产生了意象，也产生了历史。甚至还可以这样说，一部扬州文化史，实质上是一部扬州意象史。一连串的文化意象，构成了扬州历史文化的骨架和脉络。

扬州是历史文化名城，前人创造的文化意象很多，传承至今，早已成为当代扬州人的宝贵财富。以下，我们选取与景观有关的六则事例，看一看这些文化意象是如何生成，如何产生巨大影响的。

一、张若虚与"春江花月夜"

从时序的角度说，扬州最早的文化意象，且至今仍产生广泛影响的，要算是《春江花月夜》了。

《春江花月夜》的作者张若虚（约660—约720），是扬州人。曾经做过兖州兵曹，早有诗名，与贺知章、张旭、包融合称为"吴中四杰"。遗憾的是，他留传下来的诗只有两首，其中一首就是《春江花月夜》：

　　春江潮水连海平，海上明月共潮生。滟滟随波千万里，何处春江无月明？江流宛转绕芳甸，月照花林皆似霰。空里流霜不觉飞，汀上白沙看不见。江天一色无纤尘，皎皎空中孤月轮。江畔何人初见月？江月何年初照人？人生代代无穷已，江月年年只相似。不知江月待何人，但见长江送流水。白云一片去悠悠，青枫浦上不胜愁。谁家今夜扁舟子？何处相思明月楼？可怜楼上月徘徊，应照离人妆镜台。玉户帘中卷不去，捣衣砧上拂还来。此时相望不相闻，愿逐月华流照君。鸿雁长飞光不度，鱼龙潜跃水成文。昨夜闲潭梦落花，可怜春半不还家。江水流春去欲尽，江潭落月复西斜。斜月沉沉藏海雾，碣石潇湘无限路。不知乘月几人归，落月摇情满江树。

图4-1　银河金波

　　《春江花月夜》有"孤篇盖全唐"之誉。字句不事雕饰，情调清新自然，意境缠绵蕴藉。作者采用白描手法，一咏三叹，描写了江流、月色、白云、沙渚、扁舟等江畔景色，抒发了人生感慨，诉说了相思之情，表现出清丽婉畅的韵味。现代学者、诗人闻一多评价此诗是"诗中的诗，顶峰上的顶峰"。

　　"春江花月夜"五字是诗题，也是全诗描绘的美景所在。张若虚创作出这样的诗篇，是扬州的美景给了他创作的题材和灵感。诗的起始即是"春江潮水连海平，海上明月共潮生。滟滟随波千万里，何处春江无月明？江流宛转绕芳甸，月照花林皆似霰。空里流霜不觉飞，汀上白沙看不见"，从这些字句看，应当是当时扬州南郊的曲江，或是更南的扬子津一带的江滨景色。

　　"春江花月夜"的诗句，如同摄像机的镜头，把扬州江边的美景从远景拉到中景，又从中景收到近景，来回切换，层层递进，让人身临其境般地感受到江畔月夜的诗情画意。我们常说，写诗要"意境相偕"、"情景交融"。"意"和"境"是相辅相成的两个方面，有"意"无"境"失之"空"，有"境"无"意"流于"泛"。《春江花月夜》的意与境、情与景，是统一的、融和的，是触景生情，景随意生。其实，我们在诗句中很难分清哪是"意"，哪是"境"，哪是"景"，哪是"情"。似梦非梦时，处处是景；似醉非醉处，时时是情。

　　《春江花月夜》问世后，影响很大。历史上的且不必细述，仅以当代为例，以诗题和意境为基础素材的音乐、舞蹈、绘画、书法等艺术作品层出不穷。仅舞蹈就有古典舞、民族舞、广场舞……音乐也有琵琶曲、管弦曲、古筝曲、洞箫曲……今日的"春江花月夜"，既是张若虚的一首诗，更是扬州的一则文化意象。

二、李白与"烟花三月"

　　当下的扬州，妇孺皆知"烟花三月"。近一二十年来，每逢 4 月 18 日，扬州都要举办"烟花三月国际经贸旅游节"。"烟花三月"已经成为扬州政治、经济、文化及社会生活中的一件大事，成为扬州人的节日。

　　"烟花三月"一词，源于李白的一首诗，诗题是《黄鹤楼送孟浩然之广陵》：

故人西辞黄鹤楼，烟花三月下扬州。

孤帆远影碧空尽，唯见长江天际流。

唐开元十五年（727 年）的阳春三月，诗人孟浩然在江夏（今湖北武昌）乘船，沿江而下，漫游吴越。此时李白出蜀漫游，来到了湖北，正巧与孟浩然相遇。孟浩然比李白年长十多岁，早有诗名。见到早已仰慕的诗友，年轻的李白格外激动。然而，孟浩然要前往扬州，刚见面又要分别，好不惆怅。临别之际，李白为友人写下了这首送行诗。两位诗友的私下交往，本不足为奇。但这首送行诗，却被后人称之为"千古丽句"。

素来描绘阳春季节，惯以桃花、杨柳等具体花木为对象，或三五成群，或相连成片。而"烟花三月"四个字，虽未明指阳春三月的哪一种花木，却寓具象于抽象，用凝练而又概括的语词，将季节的特点描绘得浓郁而迷人。

"烟花"者，不是一块地，一片花，是繁花似锦，郁郁葱葱，烟雾迷蒙，连绵不尽，是既真切、又朦胧，既伸手可及、又渺茫空灵的情境，是笼盖四野的阳春烟景孕育出来的那样一种说不清、看不透的意念。联想到两位好友的聚合和分离，这是眼前的景，更是胸中的情。

这样的景，这样的情，凝聚成"烟花三月"四个字，便成为扬州又一个富有意蕴的文化意象。用这样的"千古丽句"作为经贸旅游活动的标识，可谓情景交融，情真意切了。

于无意中，唐代的李白为今天的扬州撰写了一句极有感召力的广告词。李白当为今日扬州的形象大使和广告代言人。

三、杜牧与"二十四桥"

唐代诗人中，对扬州影响最大的要算杜牧。其因由，也是一首诗。

唐大和七年至九年（833—835 年），诗人杜牧在淮南节度使牛僧孺幕中作推官，后来转为掌书记。唐代小说记载，杜牧任掌书记时，"供职之外，惟以宴游为事"。离开扬州时，杜牧还写了一首《赠别》诗："娉娉袅袅十三余，豆蔻梢头二月初。春风十里扬州路，卷上珠帘总不如。"可知杜牧在扬州的确是沉醉于轻歌曼舞之中。后来杜牧离开了扬州，于怀旧眷恋中，给扬州友人韩绰寄去了一首诗，这就是《寄扬州韩绰判官》：

> 青山隐隐水迢迢，秋尽江南草未凋。
>
> 二十四桥明月夜，玉人何处教吹箫？

图 4-2　二十四桥

友人韩绰，是何许人也？杜牧还有另一首诗《哭韩绰》，两首诗联系起来看，估计二人曾是同僚，友情甚笃。其他的，史学界至今也没弄明白。

这并不妨碍人们对这首诗的欣赏和审美。诗的前两句，描绘了扬州山清水秀，绰约多姿的旖旎风貌。"隐隐"、"迢迢"两个叠词，于抑扬顿挫的音韵中，荡漾起杜牧思念扬州的似水柔情。而"秋尽"和"草未凋"这一对看似对立的字词，写出了扬州的季节特点，虽是晚秋时节，依然是青山绿水，因而格外令人怀念。

扬州佳景无数，在杜牧的记忆中，最美的则是"二十四桥明月夜"了。扬州的"月"，是张祜《纵游淮南》"月明桥上看神仙"的"月"，是徐凝《忆扬州》"天下三分明月夜,二分无赖是扬州"的"月"。在杜牧的心目中,扬州的这些"月夜"都是极富美感和诗意的。

接着,诗人又由物及人,用调侃的口吻询问韩绰:"玉人何处教吹箫"。这一句看似提问,实际上无须解答,诗人是在轻松的调侃和幽默的玩笑中,流露出自己对"十年一觉扬州梦,赢得青楼薄幸名"的感喟。"玉人"可形容美女,也可指代俊男,究竟作何解释,则要看读者如何理解了。其实,这些并不重要,重要的是这首"二十四桥"诗,因其情调悠扬,意境优美,千百年来一直传诵不衰。

"二十四桥"四个字,太有吸引力了。当代桥梁专家茅以升写过一篇散文,题目就叫《二十四桥》。文中说:"唐代杜牧诗中的'二十四桥'……这到底是一座桥的专名呢,还是说有二十四座这么多的桥。千年来不少人为这问题做了考证,直到现在,报上还不时有争论。不知什么原因,二十四桥很能引人入胜,我也为它引出一些话来。……"

千年之前的一座桥,仅是杜牧在诗中提了一下,就让人们为之传诵不衰,同时又为之争论不休,这是何等的魅力所在。"二十四桥",因着杜牧的一首忆旧诗,诞生了又一个经久不衰的文化意象。

四、扬州太守与"琼花"

在扬州,能生成文化意象的也不仅是诗,一朵花儿也能,这就是琼花。

扬州人都喜爱琼花。硕大的花盘,淡黄的花蕊,洁白花瓣团聚一圈,花形独特,花香雅淡。琼花之所以深受人们的喜爱,因着它的娇美,更因着它的传奇故事。

史书上最早记载琼花的,是宋代初期扬州知州王禹偁的《后土庙琼花诗》二首,诗前有小序:

> 扬州后土庙有花一株,洁白可爱,且其树大而花繁,不知实何木也。俗谓之琼花云,因赋诗以状其态。

谁移琪树下仙乡？二月轻冰八月霜。若使寿阳公主在，自当羞见落梅妆。

春冰薄薄压枝柯，分与清香是月蛾。忽似暑天深涧底，老松擎雪白婆婆。

王禹偁关于后土庙有琼花的说法，一经传开，就议论纷纷，对花名、种类都有不同的看法。后世还有许多热心的考证者，写了许多论证的文章，众说纷纭，至今也没有定论。学术争论倒也罢，顶多就是笔墨之争。但琼花问世后，民众中还传开了许多离奇的故事。

一说，宋仁宗庆历年间（1041—1048 年），曾将琼花分植到汴京，但移过去就干枯。第二年又送还扬州，却又其荣如故。又一说，南宋时又曾移植到临安杭州，也未成功。金兵打进扬州，花遂不开，到了元初，竟然绝种。后世所见的琼花，已不是原种真本，是由八仙花嫁接而成，故而琼花又名"聚八仙"。真是太离奇了，一朵琼花竟然与国家政治、民族气节挂上了钩。

图 4-3　琼花

还有更多的传说，是与隋炀帝有关，其中流传最广的一则是"隋炀帝三下扬州"。说隋炀帝之所以三下扬州，是因为贪恋他的妹妹。隋炀帝甚至发动百万民工开了一条运河,从京城一直追到扬州。妹妹被逼无奈,在后土庙的玉钩井中投井身亡。第二年,井旁冒出一棵树,花儿洁白无瑕,大家都说,这花儿是隋炀帝的妹妹幻化而成。因为隋炀帝妹妹的坚贞如玉,人们便把这奇异的花儿叫作"琼花"。于是,宋代才有记载的花儿,却又扯到了隋代,还与昏君、暴政、伦理……搭上边。

民间传说多,文人学士也纷纷为琼花写诗填词。曾任扬州太守的韩琦赞誉:"维扬一株花,四海无同类。"随后的扬州太守刘敞也写道:"东风万物竞纷华,天下无双独此花。"另一位扬州太守鲜于侁则激赏:"百卉天下多,琼花天上稀。"更有甚者,庆历八年,扬州太守欧阳修还特意在琼花树旁建"无双亭",并撰诗纪其事:"曾向无双亭下醉,琼花不负广陵春。"宋代的四位扬州太守,都以自己的见闻,表述了琼花为扬州独有,见解如此一致,传为历史佳话。

如今,琼花列为扬州的市花。"烟花三月"的节日里,许多游客就是因着琼花而来。一朵花儿,引发出一连串的故事。扬州的又一例文化意象,就是这样生成了。

五、欧阳修与"平山堂"

谈士人踪迹和文化意象,平山堂是必说的话题。

平山堂上有两块硕大的匾额,一块是"风流宛在",另一块是"坐花载月"。来到堂上,导游会热心地指给游客看,"风流宛在"的匾上,"流"字上少写了一点,"在"字上又多写了一点。这是为什么呢?是书写者无意写错?还是有意为之?导游的提问,顿时引起了游客的兴趣。接着,导游会自问自答地告诉游客,答案就在另一块匾上。另一块"坐花载月"的匾,蕴含着一个极有趣的故事。很自然地,导游引出当年欧阳修"平山雅集"的典故,将欧阳修"遣人走邵伯湖,取荷花千余朵……以次摘其叶,尽处则饮酒,往往浸夜,载月而归"的历史故事,绘声绘色地讲述一遍。说了"坐花载月"的故事,导游告诉游客:"流"字少一点,"在"字多一点,是说文章太守欧阳修的风流雅韵至今仍在。

也是告诫世人:风流少一点,自在就多一点。并说,当年的"坐花载月",就是今天的"击鼓传花"的起源。

姑且不说关于字体的解说是否正确,导游能生动地讲出欧阳修"坐花载月"的故事,并让普通的游人听得津津有味,就职业而言,这导游算是称职了。

图4-4　欧阳修与平山堂

接着,善于讲解的导游会从"坐花载月"的故事扩展开去,讲平山堂的得名,讲"远山来与此堂平"的典故,讲欧阳修的《朝中措》词,讲由词中名句"山色有无中"而引发的欧阳修是否"短视"的争议……随后,导游还会在"谷林堂"讲欧阳修与苏东坡的师生交往,讲苏东坡的对联"深谷下窈窕,高林合扶疏"以及"谷林堂"的由来……来到"六一祠",导游又会讲"六一"的来历,讲祠内欧阳修石刻像为何远看白胡子,近看黑胡子……如此这般的一番讲解,有悬念,有情调,既风雅,又谐趣,千年前的欧阳修的确是"风流宛在"了。

于是,在游人的眼中,平山堂不仅是一座土木建筑,更是一座充满着文气、才情和雅趣的讲堂。

柳宗元在《邕州马退山茅亭记》中说:"夫美不美,因人而彰。兰亭也,不遭右军,则清湍修竹,芜没于空山矣。"这一见解非常精辟,人们去绍兴的兰亭,是欣赏兰亭的山水美,更是欣赏王羲之"兰亭修禊"的韵事美。同理,游人参观扬州的平山堂,是欣赏"山色有无中"的自然美,更是欣赏欧阳修的人文美。

因着崇敬欧阳修,也因着仰慕一系列的"风流宛在"的韵事,五楹的平山堂,便成为游人心目中一座高大雄伟的"圣殿"。"因人而彰",这是文化意象的魅力,也是文化意象的张力。

六、红桥雅集与"绿杨城郭"

叶圣陶先生在《从〈扬州园林〉说起》这篇文章中说:"我第一次游扬州在二十年代,最初的好印象就是诗词中常用的'绿杨城郭'四个字。那么柔和茂密的葱绿的垂杨柳在春风中轻轻翻动,从来没见过,感到没法说清楚的美。"叶圣陶是现代著名作家,写过许多著名的小说和散文。他表述自己的扬州观感,本可以选用更多的词句,但他说"最初的好印象就是诗词中常用的'绿杨城郭'四个字"。可见叶圣陶对这句诗的印象十分深刻,同时也说明一首好诗词,能代替千言万语,能表达"从来没见过,感到没法说清楚的美"。

"绿杨城郭"四个字,取于清代王士禛的一首词:"北郭清溪一带流,红桥风物眼中秋,绿杨城郭是扬州。　　西望雷塘何处是?香魂零落使人愁,淡烟芳草旧迷楼。"

康熙元年(1662年),王士禛与一帮文友在瘦西湖水边举行"红桥雅集",他带头创作了《浣溪沙》词三首,这是其中的一首。词中"绿杨城郭是扬州"句,人们纷纷赞誉,相继唱和,不胫而走,广为流传。此后,"绿杨城郭"一词,不仅是王士禛的名句,甚至成为扬州城的代称,成为一种文化意象。只要一提到"绿杨城郭"四个字,人们就知道那是指扬州,就会联想起

"那么柔和茂密的葱绿的垂杨柳在春风中轻轻翻动"的景色,"感到没法说清楚的美"。

说到"雅集",这在扬州似乎是一种长盛不衰的文化传统。往前追溯,最早的举办者是宋代的欧阳修。欧阳修主持的"平山雅集",成为后世的楷模,人们纷纷效仿,历久弥新,精彩纷呈。及至明末,有郑元勋的"影园雅集"。郑氏是盐商,届时,园中的黄牡丹盛开,宾朋各赋七言律诗,予以赞美。诗成后糊名易书,并请来当时的名士钱谦益逐一评定。优胜者,主人给予奖励,奖品是一对金质的酒器——"金觥",并授以"黄牡丹状元"的雅号。事后,郑氏又将诗作辑为《瑶华集》,刊印行世,传为文坛佳话。清代至民国,雅集更多。如,王士禛在红桥,孔尚任在红桥、梅岭,卢雅雨在红桥,马氏兄弟在小玲珑山馆,程氏盐商在筱园,曾燠在南园,臧谷在瘦西湖桃花坞,高乃超在教场惜余春……大大小小的雅集活动,数不胜数。

这些雅集,年代、地点不一,人数、场景不同,但有一点是共同的,那就是诗人的雅唱之趣。李斗《扬州画舫录》卷八对此有过描述:诗人雅集时,"于园中各设一案,上置笔二、墨一、端研一、水注一、笺纸四、诗韵一、茶壶一、碗一、果盒茶食盒各一。诗成即发刻,三日内尚可改易重刻,出日遍送城中矣。每会酒肴俱极珍美,一日共诗成矣"。孔尚任在《广陵听雨诗序》中还有一段更为细致的描述:

> (诗人雅集时),考世籍,序年齿,长者按父兄之尊,少者执子弟之礼。洗爵献罍,礼仪卒度。……暮雨忽来,早梅渐放,剪烛对之,兴会佳绝。坐上客信手分韵,以志不忘。时夜已半,有去有留者,或斗酒一挥,撚须苦构,白夕达曙。潇潇之雨声不歇,琅琅之吟声若为和之。晨兴,有诗筒待于门,则又来与会者续补之作也。

许多诗词名篇就是在这种兴味盎然的雅集中诞生的。诸如:王士禛的《冶春绝句二十首》:"红桥飞跨水当中,一字栏干九曲红。日午画船桥下过,衣香人影太匆匆。"纳兰性德的《浣溪沙·红桥怀古和王阮亭韵》:"无羌年年汴水流,一声水调短亭秋,旧时明月照扬州。　　曾是长堤牵锦缆,绿杨清瘦至今愁,玉钩斜路近迷楼。"卢雅雨的《红桥修禊》:"绿油春水木兰舟,步步亭台邀逗留。十里画图新阆苑,二分明月旧扬州。空怜强酒还斟酌,莫倚能诗漫唱酬。昨日宸游亲侍从,天章捧出殿东头。"……美妙的诗句,吟风弄月;风雅的集会,千古传诵。

及至今日,许多诗词中的名句早已相诵成习,进而固化成为扬州的景点名和城市的代称,如红桥修禊、绿杨城郭、冶春、香影廊等。这些,都是扬州的文化意象,也都是扬州人的永恒记忆。

第二节　社会环境与三大中心

明清之际,商业经济获得了较大的发展,扬州位于运河、长江的交汇处,得盐漕之利,成为全国经济最为发达的地区。尤其是扬州盐业,盐商在业盐的过程中,积累了巨额的商业资本。这一巨额资本的具体数字是多少呢?明代宋应星有一测算,他在《野议·盐政议》中说:"商之有资本者,大抵属秦、晋与徽郡三方之人。万历盛时,资本在广陵者不啻三千万两,每年子息可生九百万两。只以百万输帑,而以三百万充无端枉费,公私俱足,波及僧、道、丐、佣、桥梁、梵宇,尚余五百万。各商肥家润身,使之不尽,而用之不竭。至今可想见其盛也。"

入清以后,扬州盐业进一步发展,资本积累更巨。当时的扬州学者汪中在《从政录·卷二》中有一估计:"向来山西、徽歙富人之商,于淮者百数十户,蓄资以七、八千万(两)计。"有研究资料表明,乾隆三十七年(1772 年),中央户部所存库银为七千八百余万两,中央财政的年收入为四千余万两,而扬州盐商手中握有的资本竟与清政府的财政储备相当,如换算成清政府的财政收入,竟达二倍之数。据嘉庆《两淮盐法志》卷五十五,乾隆时期两淮巡盐御史李发元也曾对此万分感叹:"两淮岁课,当天下租庸之半,损益盈虚,动关国计。"在这样的经济背景下,社会生活的各个方面都得到了长足的发展,特别是在文化领域,扬州逐渐成为具有全国影响的三大中心,这就是戏曲中心、书画中心和学术中心。

社会的需求,财力的支持,人才的汇聚,使得当时的扬州诞生了一座座令人瞩目的文化高峰。

一、戏曲中心

孔尚任在扬州出席过一次宴会,宴中有歌舞戏曲表演,事后,他写了一首《有事维扬,诸开府大僚招宴观剧》,记下了这次"招宴观剧"的盛况:

> 东南繁华扬州起,水陆物力盛罗绮。朱桔黄橙香者橼,蔗仙糖狮如茨比。一客已开十丈筵,客客对列成肆市。钧天鼓乐何震骇,絮语热言须附耳。须臾礼成各举筋,一箸一匕听侑史。江瑶施乳曾耳闻,讶紫疑红试舌齿。酒味法传太厨厨,雪水书生愧欲死。一尊未尽两部齐,双声叠作异宫徵。座客总厌清商歌,院本斟酌点凤纸。曲曲盛世太平春,乌帽牙笏杂剑履。亦有侏儒嬉谐多,粉墨威仪博众喜。无情哭难笑不易,人欢亦欢乃绝技。

孔尚任生活的年代,是在顺治、康熙年间,当时扬州的经济尚未达到鼎盛,但已经是"东南繁华扬州起,水陆物力盛罗绮"。特别引人关注的是诗句中的"钧天鼓乐何震骇,絮语热言须附耳"、"一尊未尽两部齐,双声叠作异宫徵"和"亦有侏儒嬉谐多,粉墨威仪博众喜",描述的是酒宴上的一场堂会演出。酒宴堂会尚有如此的排场,可以想见当时扬州戏曲规模之盛。

孔尚任诗中说"一尊未尽两部齐",这"两部"是指当时戏曲演出的"花部"和"雅部"。什么是"花部"和"雅部"呢?清人钱泳在《履园丛话》卷十二中有一段解释:"……梨园演戏,高宗南巡时为最盛,而两淮盐务中尤为绝出。例蓄花、雅两部,以备演唱。雅部即昆腔,花部为京腔、秦腔、弋阳腔、梆子腔、罗罗腔、二簧调,统谓之乱弹班。"

图 4-5 琴箫合奏

昆腔，即我们现今所说的昆曲。是元代末年，诞生于苏州昆山一带，用昆山腔演唱的南戏，故谓之"昆腔"。后来，昆曲渐渐起扩展到全国，与当地的民间曲调结合，形成了富有当地特色的声腔，如"京昆"、"湘昆"、"川昆"、"晋昆"等。昆曲流传到扬州后，受乾隆南巡的影响，许多艺人移居扬州，加盟了本地戏班。他们博采秦腔、京腔等花部戏班之长，在既能扮演雅部戏，又能扮演花部戏的同时，促进了昆曲自身的改进和发展。学者陆萼庭《昆剧演出史稿》认为"扬州剧坛在这时几乎成了昆剧第二故乡"。

花部，又称"乱弹"、"弯弹"、"烂弹"、"乱谈"。《扬州画舫录》卷五中，作者李斗以"乱弹"一词来统称花部诸调，说明京腔、秦腔、弋阳腔、梆子腔、罗罗腔、二簧调等剧种，都是当时汇集在扬州的各种地方戏。与昆曲的典雅、细腻、婉转相比，各地方剧种所用的腔调，风格独特，活泼而嘈杂，故名之"乱弹"、"花部"。"乱弹"一词，不仅是扬州人的用词，在清代，各地都有以"乱弹"一词作为地方戏的代称或自称。

大量的戏班和演员涌进扬州，许多优秀的戏班后来演变成为富商的"家班"。《扬州画舫录》卷五记载："昆腔之胜，始于商人徐尚志征苏州名优为老徐班；而黄元德、张大安、汪启源、程谦德各有班。洪充实为大洪班，江广达为德音班，复征花部为春台班；自是德音为内江班，春台为外江班。今内江班归洪箴远，外江班隶于罗荣泰。此皆谓之内班，所以备演大戏也。"这些戏班"备演大戏"，而一场戏的演出经费，据王友亮《双佩斋集》记载，《长生殿》传奇初出，扬州盐商亢某"命家伶演之，一切器用，费锱四十余万"。姑且不说戏班的常年薪金，单是剧本、道具、排练到演出的费用，竟达数十万之巨，极为可观。

扬州的戏曲演艺，在乾隆时期达到了顶峰。官员的倡导、盐商的支持和士绅的喜好等因素外，最重要的因素，就是乾隆的六次南巡。

乾隆有观剧的爱好。据《扬州画舫录》卷一，为接驾帝王，讨得欢心，在官府的安排下，"自高桥起至迎恩亭止，两岸排列档子。淮南北三十总商，分工派段，恭设香亭，奏乐演戏"。三十个工段均"奏乐演戏"，需几十个戏班。场面之大，人数之多，规模之盛，堪称空前绝后。正是这样的社会环境和演艺氛围，各地的名优，都以在扬州一展身手，引为尊荣。他们来到扬州后，活动的集中地是在盐商聚居的南河下一带，于是扬州人便把这条街叫作"苏唱街"。苏唱街上还设有"梨园总局"，作为艺人聚集议事的场所。

各地班社的汇聚，使得扬州成为花部、雅部的汇合之地，成为全国戏曲会演中心。这种全国范围的演艺交流，为后来的"国粹"艺术——京剧的诞生，起到了直接的推动作用。

京剧诞生的过程中，有一地方剧种起到了桥梁纽带作用，这就是"徽班"。徽班，顾名思义，即安徽戏班。徽班来扬演出，吸纳了其他剧种之长，特别是与扬州本地乱弹结合，成为"色艺最优"（《扬州画舫录》卷五语"安庆色艺最优"）的班社。不仅盐商的家班中有徽班，扬州官府蓄养的剧团中也有徽班。乾隆五十五年（1790 年），为了祝寿，朝廷从扬州征调了徽班"三庆班"进京，随后又有四喜班、和春班、春台班相继进京，史称"四大徽班进京"。徽班在京演出，又吸收京腔、秦腔等其他地方戏曲的剧目、曲调和表演方法，从而演变成为中国的"京剧"。

各家戏班在扬的演出场所，主要在园林。有财力的盐商兴建了园林后，都在园中蓄养家班。《扬州画舫录》卷八记载：马氏小玲珑山馆、程氏篠园及郑氏休园诗文之会最盛，"……诗成矣，请听曲。邀至一厅甚旧，有绿琉璃四。

又选老乐工四人至,均没齿秃发,约八九十岁矣。各奏一曲而退。倏忽间命启屏门,门启则后二进皆楼,红灯千盏,男女乐各一部,俱十五六岁妙年也"。陈维崧《依园游记》也记载:"园不十亩,台榭六七处……少焉,众宾杂至,少长咸集,梨园弟子演剧,音声圆脆,曲调济楚,林莺为之罢啼,文鱼于焉出听矣。"有了家班,还要有演出的舞台,于是许多盐商的宅园里又建有戏台。如盐商洪征治在大虹桥东南建了一座倚虹园(即今之虹桥修禊),园内有妙远堂、饮虹阁等建筑,其中,在饮芳轩后还筑有"歌台十余盈,台旁松、柏、杉、槠,郁然浓阴",沿着水边曲岸,又建有看楼,可以临水听曲,因水扩音。至今,扬州的何园、刘庄等处,都可寻觅到当年戏台的踪影。

林溥《湖上冶春词》:"歌筵舞榭翠玲珑,檀板斜阳玉笛风。十里平芜骢马路,桃花犹是旧年红。"当年的扬州戏曲,也可谓"桃花犹是旧年红"。虽说仅仅是一时之盛,但为中国戏曲的繁荣发展作出的贡献,却是永载史册。

二、书画中心

历经康、雍、乾三朝的发展,清代扬州成为我国东南沿海的大都会,富商大贾,四方云集。经济的繁荣,促进了文化的兴盛,各地文人及书画家都汇聚扬州。扬州的富商大贾,尤其是许多盐商,虽为豪富,尤羡风雅。对外地来扬的四方名士,或接济,或延聘,或包养,礼遇有加。

书画是一种特殊的商品。从文艺创作的角度说,它是个人的创作,是艺术品;从市场需求的角度说,它有大量的爱好者,是可以用金钱购买的,是文化产品。更重要的是,在商品社会里,书画可以用于交际,是一种高雅的礼品。清代扬州的商贸氛围和市场需求,引起对字画的偏好,吸引了大量的书画家。于是就产生了孔尚任所说的盛况:"广陵为天下人士之大逆旅,凡怀才抱艺者,莫不寓居广陵,盖如百工之居肆焉。"据《扬州画舫录》记载,当时,扬州本地的及各地来扬的书画家,稍具名气者就达一百数十人之多。一个具有全国影响的书画艺术中心,就在这样的背景下应运而生了。其最具代表性的是,产生了以"扬州八怪"为代表的清代扬州画派。

　　"扬州八怪"一词,本是民间俗称,因其形象生动、寓意贴切、便于表述且约定俗成,获得了民众和学术界的广泛认同。更学术化的说法,应该称之为"清代扬州画派"。或者说,"扬州八怪"是清代中期活跃于扬州的一批艺术见解大体相近、创作风格大体相同的书画家,是清代扬州画派的杰出代表。

图4-6　扬州八怪群雕

　　扬州八怪的成员,究竟是指哪几位,历来说法不一。扬州方言中,"八"字是实数词,也作虚数词,可表达"为数众多"的含义,如"八更八点"等。体现在"扬州八怪"上,便是有人说8人,也有人说不止8人;在具体的人名上,有人说是这8位,又有人说是那8位。综合历史上的各种记载,"扬州八怪"达15人之多。他们分别是:金农、郑燮、高翔、李鱓、黄慎、罗聘、汪士慎、李方膺、高凤翰、边寿民、华嵒、闵贞、李葂、陈撰和杨法。

　　从书画发展史的角度看,清代画坛居正统地位的,是以"四王"为首的虞山画派和娄东画派。"四王"以临摹古人,遵守古法为己任,讲究"正宗"和"传承",正如"四王"之一的著名画家王翚所说,作画要"以元人笔墨,运宋人丘壑,而泽以唐人气韵,乃为大成"。他们的作品功力扎实,底蕴深厚,却是多为拟古之作。虽说在拟古中也有创造,终不脱前人窠臼,难有生动活泼、为民众喜闻乐见的新作。缺乏生机与活力的保守氛围,激起了一批有识之士的不满,最早提出不同见解的,是著名画家石涛。

石涛(1630—1707),俗姓朱,名若极,法名原济,号苦瓜和尚、大涤子。是明皇室后裔,明亡,遁迹空门,一边修佛,一边习画。晚年定居扬州,居大东门的"大涤草堂"。石涛擅画山水、人物、花卉,工书,也长于园林叠石,扬州"片石山房"的贴壁假山相传是石涛的手笔。石涛在绘画上有自己独特的主张,他反对"摹古",提出了"笔墨当随时代"、"无法而法"、"师造化"等口号,强调画家要"借古以开今",主张"门户自立"。石涛以自己的理论和创作实践,革新画坛,对后来扬州八怪的形成有很大的影响,以至后人有"石涛开扬州"之说。

扬州八怪直接承绪了石涛以及徐渭、朱耷等人的创作思想,不死守古法,在生活中寻找题材,在大自然中发掘灵感,下笔自成一家,令人耳目一新。扬州八怪的领军人物郑板桥,极为崇敬石涛。但他学习石涛,是"学一半,撇一半,未尝全学","十分学七要抛三",认为"古人须眉,不能生我之面目;古人肺腑,不能入我之腹肠。我自发我之肺腑,揭我之须眉"。郑板桥擅画兰、竹、石、松、菊等,尤以兰竹最为突出,自成家法。郑板桥书法,自称"六分半书",是将汉隶植入楷、行、草,以画入字,虚实相生、黑白相间,如乱石铺街、醉翁夜归,终成自创的书体——"板桥体"。

又如扬州八怪中的另一位博学多才的文人画家金农,虽说他50岁后才开始作画,但他所画的梅、竹、花鸟、人物等,造型拙朴,构思奇特。金农尤精墨梅,所作梅花,枝多花繁,生机盎然,形成一种旷达、灵秀、奇峭的艺术风格。金农在书法上还独创了一种楷隶结合的书体——"漆书",用笔横粗竖细,字体头重脚轻,截毫作飞白,似隶却非隶,人称"金农体"、"冬心体"。

再如扬州八怪中另一位花鸟画家边寿民,与郑燮、金农等人时相交往,十分赞同他们"师法自然"的艺术观点,认为"画不可拾前人,而要得前人之意"。他擅画芦雁,为观察芦雁的飞潜动静,在芦苇丛生的水边建"苇间书屋",与芦雁为伍。所绘泼墨芦雁,苍浑、豪放,曲尽其态,别有情趣。郑板桥评价其作品:"画雁分明见雁鸣,缣缃飒飒荻芦声。笔头何恨秋风冷,尽是关山离别情。"

　　正是由于扬州八怪不与人同,自成一家,对于习惯传统、遵循法度的人来说,认为是旁门左道,但对于崇尚个性、追求变革的人来说,则认为是风格独创。这褒贬不一、两相对立的看法,都可以用一个"怪"字来表述。正如郑板桥自己所说:"下笔别自成一家,书画不愿常人夸。颓唐偃仰各有态,常人笑我板桥怪。""八怪"之名由此而立,"八怪"画风也由此而闻名遐迩。

　　扬州八怪的主要活动场所是各家园林。扬州有一句俗语:"堂前无字画,不是旧人家。"是说一户人家如果没有字画悬挂,就显得没有根基,不够文雅,如果是富商之家,会被世人讥笑为暴发户,是土豪,没有文化修养。在这样的社会氛围中,富商都想求得八怪字画,纷纷将画家们延请到自家园林,奉为上宾。当时的许多诗文笔会,就是在这样的情境中举办的。

　　另外还有一些盐商,本人有较高的文化修养,是亦儒亦商式的人物,他们更是把八怪书画家视为知己好友,常邀请到家中作文酒之会。如盐商马氏兄弟,与金农、高翔、郑板桥、罗两峰友善,时常邀约他们在马氏小玲珑山馆聚会,吟诗作画,尽兴酬唱。相传,罗两峰之所以认识金农,并拜金农为师,就是缘于马氏的文酒之会。

　　八怪书画家们在与富商的交往中,鬻字卖画,养家糊口。名气大的,还能置家立业,长久定居。如汪士慎59岁时在扬州城北郊购置了一处"草堂",自己还画了一幅《移居图》,友人厉鹗为之题诗:"买屋古城下,闻君喜客寻。图书初检校,邻曲共幽深。扫壁除蛛网,开窗纳树阴。自怜流转意,对此一沉吟。"金农还送来贺诗:"落落与君好,相怜老勿谖。此生同瓦砾,无累及儿孙。心外得太古,耳中思妙言。草堂赀若办,先办种鱼轩。"中年时的郑板桥也在北城河畔的傍花村定居,并在这儿娶饶五姑娘为妾。相传郑板桥书写的一副对联:"移花得蝶,买石饶云。"联句中的"饶"字,一语双关,即指饶氏。

　　扬州的园林是八怪画家的主要活动场所,园中的旖旎风景也为书画家的创作提供了素材、激发了灵感。如高翔所绘的《弹指阁图》,即是取材于天宁寺西园的实景"弹指阁"。又如李鱓的《花卉册页》,绘有影园牡丹图。李鱓在画中题词即云:"吾乡郑职方影园,忽开佛面黄牡丹一枝……"是郑元勋的"影园雅集"一事,给了李鱓创作的灵感。此类的事例很多,许多笔记类的史料中都有记载,不胜枚举。

现今,瘦西湖的各个厅堂馆榭中,多悬挂扬州八怪的字画,月观中悬挂有郑板桥书写的对联:"月来满地水,云起一天山。"静香书屋中悬挂有金农、汪士慎、罗两峰的条幅、横匾和对联……随处可见的字画,笔走龙蛇、佳妙传神,给扬州园林增添了浓郁的人文色彩。

三、学术中心

说清代扬州是一个具有全国影响的学术研究中心,是因为乾嘉时期,扬州产生了一个具有独创精神的学术流派——扬州学派。

乾隆嘉庆年间,是中国历史上的一个特殊时期,是中国封建社会的最后一个辉煌时期;是中国传统思想和近代思想结合和转折的阶段,也是本土东方文化和外来西方文化大量接触、激烈碰撞的阶段。这一时期,产生了许多承前启后、继往开来的杰出学者。在这样的大背景下,扬州的一批学有专长、思想深邃的学者,志同道合地走到了一起,对中国传统文化进行了基础性的研究和总结。他们的成就举世瞩目、影响久远,他们就是"扬州学派"。

从学术史的角度说,扬州学派是乾嘉学派的一脉。乾嘉学派,按地域和时间先后,分为三脉:一脉是以惠栋为领袖的吴派;一脉是以戴震为领袖的皖派;再一脉则是以阮元为领袖的扬派,即扬州学派。对乾嘉学派三脉的治学特点以及扬州学派与吴、皖二派的关系,张舜徽在《清代扬州学记》中有评说:

> 余尝考论清代学术,以为吴学最专,徽学最精,扬州之学最通。无吴、皖之专精,则清学不能盛;无扬州之通学,则清学不能大。……扬州诸儒,承二派以起,始由专精汇为通学,中正无弊,最为近之。夫为专精之学易,为通学则难。

以阮元为领袖的扬州学派,主要人物有:焦循、汪中、凌廷堪、王念孙、王引之、王懋竑、刘台拱、刘宝楠、江藩、刘文淇等，他们的学术领域各不相同，但学术观点大体近似，其间又崇敬前贤，提携后进，相互联络，各有所成，形成了一个充满灵性和智慧，学风活跃而谨严的学术群体。

关于扬州学派的学术特征，张舜徽先生指出："扬州学者治学的特点，首先在于能'创'……其次在于能'通'，这都是吴、皖两派学者们所没有，而是扬州诸儒所独具的精神和风格。"这一能"创"能"通"的学派，其领袖人物是阮元。

阮元（1764—1849），字伯元，号云台，一作芸台，别号雷塘庵主，晚号颐性老人、节性斋老人。世居扬州，邗江公道人，占籍仪征。他是一位集"政事、学绩、要位"于一体的重要人物，历仕乾隆、嘉庆、道光三朝，先后任浙江、河南、江西三省巡抚，湖广、两广、云贵三地总督。总其一生，可以概括为"九省疆吏、三朝元老、一代名儒"。阮元能"创"能"通"的事例之一，便是他主持编纂我国第一部科技史专著《畴人传》。

明末清初，一批欧洲传教士陆续来到中国，带来了先进的天文、历法、数学知识。由于适应了当时中国社会发展的需要，许多有识之士纷纷加入学习研究的行列，尽力地将西方先进的科技知识消化理解、融会贯通。受此影响，为求中国天文、历法、数学的中兴，诚如阮元《畴人传·序》所说"综算氏之大名，纪步天之正轨，质之艺林，以谂来学"，便成为一项重要的历史使命。上古时期，天文历算之学有专人掌管，父子相传为业，称为"畴人"。秦汉以后，此业不再世袭，但人们仍然沿用"畴人"一词，专指有这方面专长的人才，故而阮元把编纂的这本书定名为《畴人传》。

《畴人传》始编于乾隆六十年（1795年），完稿于嘉庆四年（1799年）。由于阮元"供职内外，公事殷繁"，便邀请了他的学生和友人参与了编纂，《畴人传·凡例》即说明"助元校录者，元和学生李锐，暨台州学生周治平力居多"。在编纂过程中，"又复博访通人，就正有道。嘉定钱少詹大昕、歙县凌教授廷堪、上元谈教谕泰、江都焦明经循，并为印正，乃得勒为定本"。这一编校阵容，基本上集聚了当时天文、历法、数学方面的一流人才，可谓阵容强大，实力雄厚。

《畴人传》涉及面广,历代著名的天文学家、历法家、数学家,如汉代的王充、张衡,魏晋的刘徽、祖冲之,唐代的李淳风、一行,宋代的沈括、苏颂,元代的李冶、郭守敬,明代的李之藻、徐光启,清代的王锡阐、梅文鼎等,都可检索到翔实的传记以及这些学者与天文、历法、数学有关的详细资料。尤为可贵的是,书中还收录了许多西方学者的传记资料。阮元认为:"欧逻巴人自明末入中国,嗣后源源而来,相继不绝。利玛窦、汤若望、南怀仁等于推步一事,颇能深究,亦当为之作传。"因此"依仿诸史传外国之例,凡古今西人,别为卷第,附于国朝人物之后"。对西方学者,阮元表现出了可贵的兼容并蓄的思想,《畴人传·凡例》即主张"网罗今古,善善从长",主张"融会中西,归于一是"。《畴人传》初编共 46 卷。前 42 卷 233 篇,从上古的"羲和"至清代嘉庆年间的"厉之锷",记载了我国天文、历法、数学家 244 人,附 31 人。再加上西方学者,全书共收录中外天文、历法、数学家 316 人。《畴人传》虽然名为科技人物传记,却在某种程度上起到了古代科技史的作用,是我国第一部最接近科技史的学术专著。

阮元之前,没有一部系统介绍中国天文、历法、数学的专著,《畴人传》的编纂,填补了这方面的空白。更重要的是,这本书的问世,启发国人要重视自然科学知识,为后世了解中国古代科技成就,提出"科学救国"的主张,做了理论上和实践上的铺垫。直至今日,我们研究中国古代科技,《畴人传》仍是必备的文献。

《畴人传》仅是一例。阮元在经学、训诂学、史学等诸多方面都取得了令人瞩目的学术成就。如经学研究,就撰有《诗书古训》、《论语论仁论》、《孟子论仁论》、《曾子注释》、《孝经义疏》、《大戴礼记补注》等。他还主编、校刻了一大批学术专著,如《经籍籑诂》、《十三经校勘记》、《皇清经解》、《委宛别藏》、《文选楼丛书》、《诂经精舍文集》、《学海堂初集》等。

尤为值得推崇的是,阮元在自己做学问的同时,又鼎力帮助他人治学。扬州学派的各位学者,能取得巨大的成就,与他的组织、协调和资助是分不开的。他每到一处为官,极为关心教育,在浙江创办"诂经精舍",在广东创办"学海堂",培养和造就一批学界精英,故而《清史稿》本传赞誉他"主持风会数十年,海内学者奉为山斗"。

扬州学派的诸位学者中,还有一位学者被学界称为"通儒"、"通人",他就是焦循。

焦循(1763—1820),字理堂,一作里堂,晚号里堂老人,邗江黄钰人。嘉庆六年(1801年)中举。翌年参加会试,未中,返乡后,服侍老母,绝意仕进,以授徒家塾为业。焦循博闻强记,识力超凡,著述极为丰富,内容涉及经学、史学、历算、诗赋、戏剧、医学等各个领域,留下的著作达四百多卷。值得一提的是焦循在数学上的开创性研究。

《加减乘除释》是焦循的代表作。在我国,传统的数学研究多为具体的数学问题,很少探讨数学理论。古代数学家的著述,大都类似于今天的数学习题集,着重讲述各种具体的数学问题及其解法。如《九章算术》,全书采用问题集的形式,收有246个与生产、生活实践有联系的应用问题,其中每道题有问(题目)、答(答案)、术(解题的步骤,但没有证明),有的是一题一术,有的是多题一术或一题多术。焦循认为,古人"期以为用","名目既繁,本原益晦",提出要"一一明其理,达其用。……以一线贯之"。于是,焦循便着手探讨数量加减乘除运算的基本规则,他用甲、乙、丙、丁等天干字代替具体的数字,相当于今日数学上所用的 a、b、c、d 等拉丁字母,"论数之理,取于相通,不偏举数,而以甲乙明之",从而推证出数量运算的若干基本规律,写出了著名的《加减乘除释》一书。

《加减乘除释》中,焦循提出了有关加减乘除运算的规则93条,每一条相当于一个定理或公式,对交换律、结合律和分配律等都作了精当明了的阐述。此举在今人来看,似乎十分简单,但在当时,却是数学研究思维理念的一大革新。《加减乘除释》的先进之处在于:(1)它不是以具体的数学问题和解法为主,而是以运算规则及其论证为要,是传统数学研究思路与方法上的一大变革。(2)阐述规则和定律时,第一次引用抽象的符号,用符号对数学运算作抽象性的理论研究,开创了我国符号数学研究的先河。焦循的数学研究成果还有《天元一释》二卷、《释弧》三卷、《释轮》二卷、《释椭》一卷、《乘方释例》五卷、《开方通释》一卷、《大衍求一术》一卷及《孙子算经注》等。和西方近代数学比较,焦循在时间上晚了一些,但这些成果是在没有受到西方近代数学的影响下独立取得的,在我国数学史上仍具有里程碑的意义。

焦循去世后,阮元为他作《通儒扬州焦循传》,说他"君学乃精深博大,远迈于元矣"。说焦循的成就比自己高,这是阮元的谦虚。说焦循"精深博大",则是学术界对焦循的定评。

第三节　园林审美与诗联创作

《红楼梦》第十七回"大观园试才题对额　荣国府归省庆元宵"里,贾政说了一句很有见地的话:"若大景致,若干亭榭,无字标题,任是花柳山水,也断不能生色。"这是曹雪芹借贾政之口,说明园林景点要借助文学语言的审美功能,让"亭榭"、"花柳"、"山水"等物质形态的园林"景致",富有精神审美的因素,使物质与精神相互渗透,相得益彰。换句话说,是让亭榭、花柳、山水等,借助"标题"而"生色"。

曹雪芹笔下的"对额",是园林中常见的楹联和匾额,又称为"联匾"。楹联和匾额是一种特殊文体,一般不长,多为五言、七言,偶尔也有长联,如孙髯翁为昆明大观楼所题的长联,达180个字。匾额更短,多为二言、三言、四言,一般不超过五言,有的匾额往往就是景点的名称。楹联、匾额虽然不长,但由于它是景点的"标题",言简意丰,有审美意蕴,有画龙点睛的作用,常使游人驻足观赏。因而,联匾在古典园林中不可或缺,只要是古典园林,就一定有楹联匾额。

不仅仅是联匾,诗词也具有使园林"生色"的功能。特别是古代诗词中的名篇,只要撷取其中的几个字,游人往往由这个极小的点拨,就能联想起整个诗词作品,还能联想起与之有关的人物、事件、情境、景色、思想和审美情趣等。这就如同小说散文中的用典,借助典故所承载的信息,由此及彼,便能生发出无数的联想和感慨。

瘦西湖北城河的香影廊,其得名就是清代诗人王士禛的名句:"红桥飞跨水当中，一字栏杆九曲红。日午画船桥下过，衣香人影太匆匆。"看到"香影廊"这几个字，游人便会联想起当年的红桥修禊，那样一种诗友聚会的盛况，仿佛就在眼前；更有典型的事例，是瘦西湖的二十四桥。之所以有这座桥，是由于唐代杜牧的诗句："青山隐隐水迢迢，秋尽江南草未凋。二十四桥明月夜，玉人何处教吹箫。"先有一首诗，由诗而建桥，砖石结构的桥，便有了诗的情趣和灵性。现实和想象，诗文和园林，就是如此这般地结合到了一起，具体而生动地呈现在游人面前。

园林审美和诗文创作有着种种内在的联系，以下分诗词、联匾两个方面进行探讨。

一、诗词审美

在某种意义上讲，一湾瘦西湖，是由万千首诗词汇聚而成的。李白的"烟花三月下扬州"、杜牧的"青山隐隐水迢迢"、欧阳修的"平山栏槛倚晴空，山色有无中"、王士禛的"绿杨城郭"等等，都是这湾湖水里鲜亮夺目的水珠和浪花。瘦西湖景点很多，有一诗多景，也有一景多诗。虹桥、白塔、五亭桥、熙春台、二十四桥、平山堂等著名景点，历史上存留下来的诗词作品，多达千百首。任挑一个景点，都能单独编辑出一本诗词作品集。

作品如此之多，为便于叙述，以下结合古典园林的造园"六法"，摘其精要者述之，以见一斑。

园林的造园"六法"，也就是我们通常所说的山、水、树、石、屋、路，也有人归纳为山石、水泉、花木、建筑、路径和点缀。两种归纳，说法不同，意思大体相近，都是说古典园林的设计不外乎以上六种构成，故称之为造园"六法"。这六种构成，均离不开诗词的画龙点睛，离不开诗词为之"生色"。

说到山，扬州地处江淮平原，本无山岭。但瘦西湖中有一小山，名小金山，是瘦西湖上的最高处，山巅筑有小亭，亭上有清代阮元书写的匾额："风亭"。还有一副楹联："风月无边，到此胸怀何似；亭台依旧，羡他烟水全收。"小金山实为四周环水的小岛，是开挖和疏浚湖水的泥土堆集而成，故而不高也不奇。但乾隆皇帝为之赋诗："嵚崎巉崒许谁攀，想象罗天咫尺间。不必扬帆过扬子，小金山胜大金山。"作为帝王，六次南巡，见多识广，他将瘦西湖的小金山与长江上的镇江金山相比较，并赞誉小金山是"罗天咫尺间"，凝练的字句，夸张的语气，使得小金山顿时高大起来。有乾隆的赞美，本不出奇的小金山在游人的心目中更加风光无限。

扬州是水乡，造园时扬州人善用水，许多建筑都是临水而砌，瘦西湖里的琴室、月观、吹台等都是这一类的临水建筑。琴室为临湖的三间敞轩，有联为："一水回环杨柳外，画船来往藕花天。"月观在琴室之东，主面朝东，临水，是扬州赏月的绝佳之处，郑板桥有一联："月来满地水，云起一天山。"吹台，在湖中长堤的尽头，相传乾隆南巡时曾在此钓鱼，故又名钓鱼台，启功先生为此书联："浩歌向兰渚；把钓待秋风。"这三副联都悉心描摹了建筑物临水的景致和特色，平添无尽遐思。在众多写水的诗词中，方濬颐的一首《杂咏》最为出色："五亭烟水送归桡，谁拥冰轮上碧霄。今夜方知二分月，清光一半在虹桥。"诗句由水写船，由船写月，再由月写桥，环环相扣，意境相连，写出了瘦西湖上美感独具的月下水景。

造园"六法"中的树，泛指花草树木等各种植物，瘦西湖上的桃、柳、琼花、芍药等，都是湖上美不胜收的风景，与之相关的诗词很多。

有单纯吟咏花木的，如苏东坡有《浣溪沙·扬州赏芍药樱桃》："芍药樱桃两斗新，名园高会送芳辰。洛阳初夏广陵春。红玉半开菩萨面，丹砂秾点柳枝唇。尊前还有个中人。"极写芍药樱桃之美。也有借景抒情的，如王士禛的《浣溪沙·红桥怀古》："北郭清溪一带流，红桥风物眼中秋。绿杨城郭是扬州。西望雷塘何处是？香魂零落使人愁。淡烟芳草旧迷楼。"由景及情，从绿杨联想到隋堤柳，再联想到隋炀帝的悲剧，深沉的感慨，使这首词成为清代诗词中凭吊怀古的名作。

扬州无山，无山便无高低起伏之妙，怎么办呢？扬州人想到了假山。假山，又叫叠石，是用太湖石、黄山石等垒叠成崇山峻岭的模样，计成谓之"掇山"，《园冶》云："方堆顽夯而起，所以皴文而加。瘦漏生奇，玲珑安巧"。瘦西湖上最著名的假山是"石壁流淙"。吟咏叠石艺术的诗作中，清代扬州女诗人叶蕙心《城西名园二十六咏》中的一首最为称著："半空谁削翠芙蓉,树影云光隔几重。壁上粘来苔点点,石间流出水淙淙。喷成珠玉风无力,攀绝猿猱雨易逢。一道飞泉吹不断,清声时杂隔山松。"假山中还有一类是奇石,奇石独立成景,也即计成所说的"瘦漏生奇,玲珑安巧",是园林的重要点缀。扬州"卷石洞天"是以盆景奇石为特色的景点,叶蕙心也有一诗吟咏:"洞里谁知别有天,幻成叠石只卷然。分形皱透云根活,写影玲珑月镜圆。楼阁此间真福地,烟霞世外小游仙。笑他袖里携东海,那似壶中日月延。"

"六法"中的屋,也是泛指,是指各种人工建筑,即亭台楼阁、轩榭廊房等。这一类的建筑,瘦西湖上很多,素享盛名的还数"平山堂"。

平山堂是宋代欧阳修出任扬州知州时所建,"坐花载月"的风雅韵事为人称道。后来,欧阳修又有一首《朝中措·送刘仲原甫出守维扬》,更为平山堂增色,词云:"平山栏槛倚晴空,山色有无中。手种堂前杨柳,别来几度春风。文章太守,挥毫万字,一饮千钟。行乐直须年少,尊前看取衰翁。"苏东坡是继欧阳修之后的又一位"文章太守"。他也为平山堂写下了一首《西江月·平山堂》:"三过平山堂下,半生弹指声中。十年不见老仙翁,壁上龙蛇飞动。欲吊文章太守,仍歌杨柳春风。休言万事转头空,未转头时皆梦。"为平山堂写词填词的文人很多,几乎到过扬州的风雅之士无有不到平山堂的,到了平山堂也很少有不吟诗作赋的,王安石、秦少游、文徵明,孔尚任、金农等人都有脍炙人口的佳作。

有园必有路。诗词中提到路的很多,如"长堤春柳"有"两堤花柳全依水;一路楼台直到山"名句,将瘦西湖上三步一桃、五步一柳、楼台亭阁、连绵不断的湖上风光做了形象化的描述,经常为人引用。造园"六法"中的"路",不仅指道路,也指桥梁,桥梁是一种特殊的路。说到桥,瘦西湖上名桥多,名诗也多,唐代杜牧的"青山隐隐水迢迢,秋尽江南草未凋。二十四桥明月夜,玉人何处教吹箫"是其代表作,这首诗使得"二十四桥"遐迩闻名。吟咏红桥的,除前引王士禛的《浣溪沙·红桥怀古》外,清人沈岸登的一首《点绛唇·红桥》也深得后人赞美:"红板桥头,酒旗摇曳花村里。绿杨如荠,两岸疏篱缀。罗袖生凉,帘影荷风细。清歌起,半篙秋水,一抹平山翠。"瘦西湖上的五亭桥更是引人注目，在众多诗作中，黄鼎铭的《望江南·百调》堪称上乘，词云："扬州好，高跨五亭桥。面面清波涵月镜，头头空洞过云桡，夜听玉人箫。"寥寥数字，既写实，又空灵，出神入化。

当然，诗词创作并不限于造园"六法"，以上仅是为了便于叙述，做了一个简略的分类。

扬州学者曾编过一本《扬州历代诗词》，收录诗词作品近两万首，其中，近半数与瘦西湖有关。瘦西湖的美景，激发了诗人的创作灵感，正如清代诗人詹肇堂在《拟虹桥修禊词》中所述："晴方淡沱雨模糊，白塔红亭展画图。看到淡妆浓抹处，故应唤作瘦西湖。"处处都有"淡妆浓抹"的美景，在诗人的笔下，一湾瘦西湖水被诗化了。

二、联匾审美

明末清初的文学家李渔把"联匾"看成构建园林不可或缺的要素，他在《一家言·居室部》中列举了园林构建的五个要素：房舍、窗槛、墙壁、联匾、山石。可见古人对联匾在园林中的功用有着极高的认知。到了清代，联匾在园林景点中已是"无景没有联，无联不成景"。清代李斗的《扬州画舫录》中载有园林联匾二百六十余副，这在古代文人笔记中是绝无仅有的。而人称"联话之祖"的清代梁章矩的《楹联丛话》，则收录了与扬州有关的联匾六百余副，其中大多数是园林联匾。论数量，仅次于北京。

有一则在扬州园林史上，也可以说是扬州楹联史上的佳话，值得一书。这就是元代著名书法家赵孟頫为扬州明月楼题写楹联的逸事。《乾隆江都县志·古迹》云：明月楼在扬州旧城之东的大街上，是富绅赵氏的园林。一天，赵孟頫路过扬州，主人特意设宴请他为新建的明月楼题写楹联，赵孟頫兴致所至，提笔即书："春风阆苑三千客，明月扬州第一楼。"这副联既将"春风十里扬州路"和"二十四桥明月夜"的典故巧妙地镶嵌其中，又点明了建造"明月楼"是为了接待八方宾朋，共赏四时明月的用意。主人大喜，当即以席上一桌珍贵的金银酒器相赠，以示酬谢。

　　这是扬州已知最早的一副园林楹联,历史上各家联书都作为名联予以收录。虽说后来的明清两代,扬州园林楹联无数,但扬州人始终记得这第一副楹联,至今仍然悬挂在"二分明月楼"里。

　　园林学家陈从周对瘦西湖景区里联匾的功能和作用有高度的评价。他在《瘦西湖漫谈》里说:"我国古典园林及风景名胜地的联额,是对这风景点最概括而最美丽的说明,使游者在欣赏时起到很大的理解作用。瘦西湖当然也不能例外。其选词择句、书法形式,都经细致琢磨,瘦西湖的大名,是与这些联额分不开的。"的确,瘦西湖景区里的许多联匾,都对园林景点起到"点醒"和"升华"的作用。游人在园中一边游览,一边欣赏楹联和匾额,使得园林成为一种艺术的集萃,成为集山水、花木、建筑、联匾为一体的综合艺术品。

　　园林联匾的"点醒"作用,是指用文学语言点明景点的特色和境界,给人以提示、点拨和醒悟。如瘦西湖"棋室"联"青山载酒呼棋局,紫褥传杯近笛床";"月观"联"月来满地水;云起一天山";"钓鱼台"联"浩歌向兰渚,把钓待秋风"等,都起到了这样的作用。园林联匾的"升华"作用,是指借助富有诗意的想象,使景色的审美得到艺术上的提炼和思想上的深化。如瘦西湖"盆景园"联"以少胜多,瑶草琪花荣四季;即小观大,方丈蓬莱见一斑";"卷石洞天"联"半勺亦江湖万里,一石则泰华千寻"等,都达到了提炼和深化的效果。

　　如何做到"点醒"和"升华"呢? 其创作方法,可以归纳出好多种,限于篇幅,以下列举四种:状物写景、点景化境、记事言情和情景交融。

　　状物写景是常见的一种创作方法,多采用白描手法,描写园林的构成、特色、环境等景点物象。瘦西湖"双峰云栈"的"露香亭"集句联"泽兰侵小径,流水响空山";"香海慈云"的"浣香楼"集句联"谷静秋泉响,楼深复道通";"四桥烟雨"的"半亩堂"联"目属高低石,亭延曲折楼"等,都是这一类创作手法。这类写法,作者虽然没有直接发表议论,也没有直接抒写情感,更没有增补景外之意,但作者将景境转换成诗境,将自我的观感和情思蕴含其中,起到引人揣摩、逗人回味的审美情趣。由于是白描,即使读者未到景点现场,或是古代园林今已不存,我们仅凭白描的文字,也可想象园林的物象。可见,这类联匾不仅具有美学价值,还具有珍贵的史料价值。

点景化境也是常用的创作方法。作者先写园林的景物,再由景物引发观感,抒写情思。观感是多种多样的,有写审美体验的,有感叹史事的,有表达意愿的,有怀念故乡的,丰富多彩,不胜枚举。如"平山堂"有一联:"大江南北,亦有湖山,来自衡岳洞庭,休道故乡无此好;近水楼台,尽收眼底,论到梅花明月,须知东阁占春多。"作者是曾跟随曾国藩创办湘军,官至两江总督的彭玉麟,他是湖南人,故上联有"来自衡岳洞庭,休道故乡无此好"句。下联"论到梅花明月,须知东阁占春多"是一句典故。相传南朝梁代何逊为扬州法曹,官廨内有梅花盛开,何逊常吟诵其下。后来何逊移居洛阳,思梅不得,恳请再往扬州为官。既至,适梅花盛开,何逊大开东阁,邀请文士,啸傲终日。作者采用"点化"手法,借登临平山堂之机,点明所见之景:"大江南北"和"近水楼台",再从眼前的实景发端,感发兴会,衍化出一番对家乡、对扬州的赞颂之情。

记事言情的写法并不直接写景,而是记叙与景点相关的人、事、物,由此生发出各种各样的感慨:思念、赞颂、激励、愠怒等,从而衬托出景点的文化内涵和历史价值。还是以"平山堂"为例,历史上曾有一联:"大明寺里拓坤隅,望重庐陵,赖刁、周、郑、赵、史、吴,踵事增华,遂令江上浮岚,长留真赏;丰乐区边推壮观,雄吞邗水,有毛、魏、金、汪、宗、尹,鸿篇巨制,敢道劫余畚筑,足抗前贤。"此联是典型的记事言志联,联句中的"刁、周、郑、赵、史、吴"是指宋代至明代扬州的六位知州(府):刁约、周淙、郑兴裔、赵子濛、史岩之和吴秀,他们相继增修了平山堂。"毛、魏、金、汪、宗、尹"是指清代重修平山堂的六位有功之人,他们是毛奇龄、魏叔子、金长真、汪懋麟、宗观和尹会一。这副楹联的作者是方濬颐,曾在扬州任两淮盐运使,主持重修了平山堂,如今仍可见他亲笔所书的"平山堂"匾额。这副联既颂扬了历代修缮平山堂的功绩,记述的人名也为后人留下了足以稽考的史料,更重要的是,反映出"平山堂"在历代扬州人心目中的崇高地位。

又如"史公祠"里有许多与史可法、"扬州十日"有关的楹联:"数点梅花亡国泪,二分明月故臣心","时局类残棋,杨柳城边悬落日;衣冠复古处,梅花冷艳伴孤忠","骑鹤楼头,难忘十日;梅花岭畔,共仰千秋"等。作者在记述清代民族英雄史可法在扬州率部抗清、宁死不屈、英雄壮举的同时,生发出"亡国泪"、"伴孤忠"、"共仰千秋"的感慨，赞颂之情溢于言表。

情景交融是景点联匾创作中既写景、又抒情的一种写作手法，作者或是先写景，再抒情；或是先抒情，再扣景，最终达到情中有景、景中有情、景情交融的境界。如瘦西湖"虹桥修禊"的"致佳楼"，有乾隆皇帝第四次南巡时撰书的一联："花木正佳二月景，人家疑住武陵溪"，虽说是帝王文笔，却不失为一副对景抒情的佳作，作者看到"花木正佳"的早春二月，联想到陶渊明《桃花源记》中的"武陵溪"。"武陵溪"是陶渊明虚构的，"致佳楼"是眼前真实的，一虚一实，虚实互映，有景有情，情景交融。又如瘦西湖"徐园"里的"听鹂馆"有二联，一联为阮元所撰："江波蘸岸绿堪染，山色迎人秀可餐"，另一联为陆润庠所撰："绿印苔痕留鹤篆，红流花韵爱莺簧"，二联均是从眼前之景，引发出奇思妙想："绿堪染"、"秀可餐"，"留鹤篆"、"爱莺簧"。眼中景与意中景互叠互映，交融一体，景由此而"生色"，情因此而"发之"，表述了作者对景点的认知和理解，堪称园林联匾的上乘之作。

联匾是文学创作，还需通过书法家的书写，才能在园林建筑物上展示出来。因而说园林的联匾，必然涉及的一个话题，那就是联匾的书法艺术。

传统的联匾都是文学与书法的结合体，联匾为园林"生色"，不仅是文学部分，书法部分也具有重要的审美功能。唐代书学理论家张怀瓘的《书断》说："文章之为用，必假乎书，书之为征，期合乎道，故能发挥文者，莫近乎书。"书法既传达文学语言，本身又有独立的美学意义，对于园林来说，就好比人的眉目，亭台楼阁有了它的妆点，更具有神韵和风采。

历史上的扬州，往来的书法家很多，留下的作品也很多，直至今日，在扬州还可以看到许多他们题写的门额、堂匾和楹联，如郑板桥书写"月观"对联"月来满地水，云起一天山"，大画家石涛为片石山房题写石额"片石山房"，清代书法家伊秉绶题写匾额："湖上草堂"以及楹联："白云初晴，旧雨适至；幽赏未已，高潭转清"等。当代书家也有许多作品，如舒同题写的门匾"卷石洞天"，沙孟海为"静照轩"题写的联句"小窗多明，使我久坐；白云如带，为鸟飞来"等。书法家们将自己对景点的认识和理解诉诸毫端，或生气勃发，或古意盎然，或婉约空灵，或龙蛇飞动，真草隶篆皆备，笔下意趣平添。

工匠建造的园林,是物质性的,是物象。文人创作的诗文,是精神性的,是意象。如果说工匠们的建造是一次创作的话,文人的创作就是二次创作。一次创作和二次创作的融合,可以使物质性的建筑,借助文学的意象审美,显现"形而上"的精神。精神性的诗文,借助园林的物象审美,融入"形而下"的场景。作为艺术集萃的园林,将二者结合到一起,其意义和作用并非简单的相加。二者的互融互补,相得益彰,便可达到陆机在《文赋》中所说的"情曈昽而弥鲜,物昭晰而互进"。诗词联匾与景点的完美结合,就可达到画龙点睛的"生色"境界。

第四节　人文精神与宗教文化

宗教与园林有着十分密切的关系。周维权《中国古典园林史》中说,寺观园林"不仅赋予寺观以风景名胜建筑的世俗美和浓郁的生活气氛,还能够让人们于领略佛国仙界的宗教意趣之余,更多地感受大自然与人文之交织,仿佛置身于一处理想的、超凡脱俗的人居环境。这就是历来的文人墨客都喜欢借住寺观修身养性、攻读诗书,甚至帝王也经常以寺观作为驻跸行宫的主要原因,也就是汉地的寺观之所以不同于世界上其他宗教(包括藏传佛教)建筑的一个主要标志"。扬州瘦西湖上的寺观园林除了一些共性特点外,还有着自身的个性,这就是宗教色彩比较淡,文化色彩比较浓,常常是宗教场所的修建,需要假文化之名而行事。

扬州的宗教文化,始于汉代。西汉时广陵即建有后土祠,江都有江水祠,刘向《列仙传》中载有西汉初年广陵人朱璜修炼成仙之事,东汉流传东陵圣母的故事。佛教则始于督广陵、下邳、彭城三郡运漕的笮融,因有免除赋役之惠,信佛者当不在少数。隋唐时期,因为朝廷提倡,佛道二教都达到一个高峰,大德高僧辈出,寺观庙宇林立。此后有起有伏,康乾时期又为兴盛。《扬州画舫录》中记载大小寺观 80 座左右,其中寺庙 60 座左右,又多在湖上。

从人文精神的角度看,扬州的宗教文化有以下几个特点。

一、历史悠久

历史上扬州寺庙众多，香阜寺、古木兰院、大明寺、旌忠寺、西方寺、上方寺、铁佛寺、建隆寺等多为千年古刹。

如琼花观，本名后土祠，构建于汉成帝元延二年（公元前11年），唐僖宗时淮南节度使高骈扩建，更名"唐昌观"。北宋徽宗因汉"郊祀诗"中有"媪神蕃釐"句，遂赐以"蕃釐观"之名。

又如山光寺，原为隋代寺庙。据《乾隆江都县志》："山光寺在县东北湾头镇，前临漕河。隋大业间建。寺本炀帝北宫，帝尝筮得山火贲卦，恶之，因以宫为寺，名曰山火寺，后改山光寺。有院九，久无存者。唐代张祜诗'人生只合扬州死，禅智山光好墓田'，宋王观诗'不须谈贲卦，兴废古今同'，皆指此也。"

再如龙兴寺，为唐代扬州著名寺院。《唐大和尚东征传》和《宋高僧传·唐扬州大云寺鉴真传》，于大云寺下都注明"后改为龙兴"或"后改为龙兴寺"，说明龙兴寺即鉴真出家之处大云寺的改名。鉴真五次东渡失败，数次回扬住龙兴寺中，最后一次东渡，即"从龙兴寺出，至江头乘船"。

另，铁佛寺原为唐末淮南节度使杨行密的故居。唐绍宗天复二年（902年），杨行密受唐封为吴王，舍宅为寺。铁佛寺是一处风景名胜区。20世纪三四十年代，铁佛寺占地约20亩，四周围墙高砌，寺内树竹繁茂。寺南古邗沟上，砖砌一座单孔拱桥，名"回龙桥"，为该寺过邗沟向南的通道。桥两头各有一眼水井，称为"龙眼井"，为寺僧饮水之源。

又有天宁寺，地方志和民间传说，称此寺最初为东晋谢安舍宅所建，梵僧佛陀跋陀罗曾在这里译出了《华严经》（即六十卷本晋译《华严》）。天宁寺旧时在扬州天宁门外护城河的北岸，有天宁门桥相接。现在则与天宁门街相对。街道、城门、桥梁都以天宁命名，于此可见天宁寺的影响。寺门西侧河边有御码头，为乾隆游湖登舟处，今为游览瘦西湖的起点。

扬州古刹众多，限于篇幅，不再一一列举。

二、多有异闻

一般来讲，道教多神奇荒诞故事，佛教不多。但扬州几座寺庙则有故事。《高僧传》载，唐会昌三年（843年），武宗将灭佛。时淮南刘隐之游四明，梦中泛舟海上，忽见一塔东渡，正是栖灵塔，在塔的第三层见到主持怀信，交谈中说是"暂送塔过东海数日"。隐之回到扬州，拜访怀信。怀信说："还记得海上见面时的情景吗？"隐之了然省悟，后数日，天火焚塔俱尽。这是高僧在当时形势下的先见之明，故意罩上一层神秘色彩，为之后重建留下伏笔。李斗《扬州画舫录》卷十六也记述了一则逸闻：乾隆初年，一人于春夕月下，见数人围坐平山堂外石板地上，阗委杂陈。趋视之，人则奇形怪状，饮啖殊致，不辨何物。中一人举所食之余与之，则马矢也。见者恚甚，以为乞儿相戏。去不数步，忽杳无人，地上皆新鲜荔枝壳，始知前乞皆仙云。天宁寺也有传说，说西域梵僧佛驮跋陀罗在寺译《华严经》，有两青蛇从井中出，变形为青衣童子供事，故以泉名青龙泉。

道教的神话就多了。《扬州画舫录》卷十三：小金山上关帝庙，"筑是岭三年不成，费工二十万，夜梦关帝示以度地之法，旬日而竣"。"关帝庙殿宇三楹，昔名关神勇庙，居民水旱皆祷于是。"邗沟大王庙，扬州人又称之为财神庙，道教一般供奉赵公明为财神，亦有供关云长为武财神者，或供比干为文财神者，前者取其义、诚，后者取其智、忠。而扬州人供的财神正位为吴王夫差，副位为汉吴王刘濞。《扬州画舫录》卷一云："是庙灵异，殿前石炉无顶，以香投之，即成灰烬，炉下一水窍，天雨积水不竭，有沙涨起水中，色如银。康熙间，居人辄借沙淘银，许愿缴还，乃获银。后借众还少，沙渐隐。今则有借元宝之风，以纸为钞，借一还十，主库道士守之，酬神销除。每岁春香火不绝，谓之财神胜会，连艑而来，爆竹振喧，箫鼓竟夜。及归，各持红灯，上簇'送子财神'四金字，相沿成习。"蜀冈西峰有五司徒庙。《增补搜神记》云，茅、许、祝、蒋、吴五人居扬州日，结为兄弟，好畋猎。其地旧多虎狼，人罹其害。山溪遇一老妇，孑然无亲，五人奉之为母。一日归不见其母，知为虎害，俱奋勇逐捕山间,有虎迎前,伏地就降,由此虎患始息。后人思其德义,立庙祀之,凡所祈祷,随求随应。至隋时,封司徒庙加号。故事意在劝人积德行善。

三、僧道多才

众所周知,唐代鉴真曾主持大明寺。释鉴真,姓淳于氏,广陵江阳县人。以戒律化诱,郁为一方宗首。后受日本僧人之邀,东渡传法。从天宝二年(743年)至天宝十二年(753年),曾六次东渡,终获成功,日本国王授鉴真以"传灯大法师"的称号,委以授戒传律的重任。七十七岁坐化,身不倾坏。鉴真对日本的医学、建筑、雕塑以及书法等都有极其深远的影响。又有释法慎,姓郭氏,江都人。少出家从瑶台成律师受具足戒。后赴长安太原寺依名僧怀素习律,绝其所疑,人称"淮南东塔宗大师"。会扬州诸寺请

图4-7　鉴真大师回家

纲领,因默然东归,既还扬州,俯允群愿,恒诵《金刚般若经》《如意轮》。朝士往还,路出维扬,以不践法慎门阈为耻。黄门侍郎卢藏用,才高名重,于人罕推许,与法慎接谈后,叹曰:"宇宙之内,信有高人。"太子少保陆象先、兵部尚书毕构、少府监陆余庆、吏部侍郎严挺之、河南尹崔希逸、太尉房琯、中书侍郎同平章事崔涣、礼部尚书李憕、词人王昌龄、著作郎綦毋潜,金所瞻奉,愿同洒扫,感动朝宰如此。天宝七年(748年)十月十四日,寂于龙兴寺别院,年八十三,缁素弟子,北距泗沂,南逾岭徼,望哭者千族,会葬者万人。

道教,则有李含光(681—769),广陵江都人,本姓弘,为避唐高宗李弘讳,乃改姓李,累世业儒。含光幼习儒典,年十八,志求妙道,师事同邑李先生,游艺数年。神龙初(705年)以清行度为道士,居扬州龙兴观,深研《老》、《庄》、

《周易》之学,后又从司马承祯于王屋山传习大法。玄宗频下征召,或谢病不出,或延入辞归,潜心修道。大历四年(769年)十一月十四日遁化于茅山紫阳观之别院,享年八十七。

《扬州画舫录》还记载了扬州寺观中有大量的学问僧(道)、才艺僧(道)。如铁佛寺僧古水,工于诗。桃花庵方丈道存,工画善洞箫。释方珍,居城中地藏庵,工诗画。天宁寺西园下院,文思和尚善为豆腐羹甜浆粥,至今效其法者,谓之文思豆腐,等等。

四、文名远播

扬州诸多寺观在宗教界有名,而其文名则更胜一筹。

如天宁寺,在清代居扬州八大名刹之首,极盛时期是康熙南巡的临幸之地,乾隆南巡时的行宫所在。而在历史的记忆中,此寺是康熙时两淮盐政曹寅奉命刊刻《全唐诗》,纂修《佩文韵府》的场所;乾隆时,该寺西园之文汇阁为江南三阁之一,贮存缮本《四库全书》和《古今图书集成》各一部,嘉惠士林,以光文治;且天宁寺本官商士民祝釐之地,殿前盖松棚为戏台,演仙佛、麟凤、太平击壤之剧,谓之大戏,为迎圣驾,两淮盐务例蓄花、雅两部,以备演出。

在扬州市民中,大明寺的名声往往为平山堂所掩。汪懋麟在《重建平山堂记》中说:"堂成,公贾酒大召客,四方名贤结驷而至,观者数千人,赋诗落之。""平山高不过寻丈,堂不过衡宇,非有江山奇丽,飞楼杰阁,如五岳神山崇安足以倾耳骇目,而第念为欧阳公作息之地,存则寓礼教,兴文章;废则荒榛败棘,典型涸落:则兹堂之所系何如哉!"以上引文,可看出平山堂在士人心目中的地位高于佛堂,因为平山堂之存废关乎礼教文章。即便是今天,大明寺还是以鉴真和欧苏为号召,鉴真虽为大德高僧,实际上已经成为中国传统文化走出国门的象征。

还有旌忠寺,寺内有文选楼,传闻为昭明太子编选《文选》处,实为曹宪教授《文选》处,汪中、阮元对此亦有辩证。

扬州寺观为什么文名高于教名?这与扬州儒学影响深、文人影响大有关。释道二教从哲理上讲各有其长,但一些"俗妄之儒"迎合世俗陋习,加上一些统治者推波助澜,数度造成佛道势力恶性膨胀,祸国殃民。如宋初全国僧人已过六万,三四十年时间,天禧末(1021年)暴增至六十万。宋真宗时又搞"神道设教","一国君德,如病狂然"。欧阳修在《读张李二生文赠石先生》诗中愤怒地斥责:"千年佛老赋中国,祸福依凭群党恶。"欧阳修的看法对扬州的士风、民风是有影响的。清代扬州学派的学者们对释道大多持排斥态度。如阮元在《诗书古训》、《诗经精舍策沟》、《国朝汉学师承记序》、《〈论语〉论仁论》、《〈孟子〉论仁论》等多篇文章中,都斥责释道两教崇尚宣言,遁于虚无,不足为训。仪征刘氏从不与释道交接。这些对于扬州士风影响巨大。其实,普遍市民想不到这么深,游览寺观,未必就是信仰宗教,从宗教中、从传统文化中吸取有益的思想资源,从善去恶,对于构建和谐社会,建设共有精神家园,还是大有裨益的。

第五章

瘦西湖景观伴生的

特色文化

在长期的农耕社会,扬州可以说是一个异数,它较早地成为商业城市和消费城市。特别是唐代,扬州不但是江淮地区最大的商业城市,而且是全国性的商业中心、国际性的商业都会。张祜《纵游淮南》"十里长街市井连",杜牧《赠别二首》"春风十里扬州路",权德舆《广陵》"层台出重霄,金碧摩颢清。交驰流水毂,迥接游云旝",这些诗句是当时的真实写照。十里长街,酒楼、茶肆、青楼、楚馆、作坊、民居,栉比鳞次,商贾、游客、文士、官吏,纵情享受。所以,时有"扬一益二"之称。而且,扬州突破了"市"的封闭,出现了开放式的"街市",出现了"夜市"。这是开全国之先河的。

到了清代,扬州占盐、漕、河三大有利条件,商业经济更加繁荣,享乐的气氛更加浓厚。与商业、消费城市相适应的,是市民文化的兴起。他们在达到一定的温饱程度之后,便讲究生活质量、生活格调、生活情趣,于是饮食文化、沐浴文化以及各种休闲娱乐文化在这个城市发展起来。人们除了在城区的茶馆、酒楼、浴池、书场等享受所需要的服务,还寻求更大的公共活动空间,而瘦西湖景区恰恰满足了这样的需求。

历史上的瘦西湖不仅是皇帝巡游览胜之地、达官贵人纸迷金醉之所、风客骚人诗文酒会之景,也是黎民百姓休闲娱乐之场。明朝张岱《陶庵梦忆》卷五有一篇《扬州清明》，描述了扬州市民在湖上娱乐的情景：

　　　于此扬州清明日，城中男女毕出，家家展墓。虽家有数墓，日必展之，故轻车骏马，箫鼓画船，转折再三，不辞往复。监门小户亦携肴核纸钱，走至墓所，祭毕，则席地饮胙。自钞关、南门、古渡桥、天宁寺、平山堂一带，靓妆藻野，袄服缛川。随有货郎，路旁摆设骨董、古玩并小儿器具。博徒持小杌坐空地，左右铺衵衫半臂，纱裙汗帨，铜炉锡注，瓷瓯漆盒，及肩瓮鲜鱼、秋梨福桔之属，呼朋引类，以钱掷地，谓之"跌成"；或六或八或十，谓之"六成"、"八成"、"十成"焉。百十其处，人环观之。是日，四方流寓及徽商西贾，曲中名妓，一切好事之徒，无不咸集。长塘丰草，走马放鹰；高阜平冈，斗鸡蹴鞠；茂林清樾，擘阮弹筝。浪子相扑，童稚纸鸢，老僧因果，瞽者说书，立者林林，蹲者蛰蛰。日暮霞生，车马纷沓。宦门淑秀，车幕尽开，婢媵倦归，山花斜插，臻臻簇簇，夺门而入。余所见者，惟西湖春、秦淮夏、虎丘秋，差足比拟。然彼皆团簇一块，如画家横披；此独鱼贯雁比，舒长且三十里焉，则画家之手卷矣。南宋张择端作《清明上河图》，追摹汴京景物，有西方美人之思，而余目盱盱，能无梦想！

　　明代尚且如此，清代瘦西湖景观日益丰富，市民活动当更盛于此。

　　市民活动与帝王巡游、盐商生活、士大夫活动实际上也是相互渗透，交叉影响的。一是帝王、官吏、文人、盐商的一切享受离不开基层民众即市民的服务，市民通过自身技艺的提高来满足上层人士的物质、精神享受，市民探索技、艺的过程也是自身在比较和享受的过程，这在无形中也提高了他们对日常生活的要求，"早上皮包水、晚上水包皮"的习惯即如此产生。淮扬菜，其本质特征是"用家常原料，凭非常技艺，得超常口味"，外地人以为了不得的菜，扬州平常人家也能做得出。二是士大夫的生活尤其是崇文重教的思想深深影响了扬州市民。"堂上无字画，不是旧人家"，成为扬州习俗。"布衣轻入使君筵"，"坐中宾客半渔樵"，应是一种写实。

　　徐谦芳《扬州风土记略》卷十中记载：扬州禹王庙庙额，为王良常书。道光年间,重修庙门,匠人将石斫毁,遍征善书者摹之,皆不肖。对门有一屠人,毅然提笔书就,与旧额无异,众皆惊服。屠人云:每早市罢,辄就割肉案上,以刷帚对临数十次。十余年来,未间一日也。此事看似笑话,在今天的扬州,普通市民写一手好字,画一手好画,弹一曲好琴者,比比皆是,上午卖菜、打烧饼,下午读书、唱京昆,并不鲜见。

市民文化在瘦西湖文化中的又一重要表现是民间文学。在瘦西湖游览过程中,人们会听到许多有关隋炀帝、乾隆皇帝、苏东坡以及盐商的故事,不要以为这是导游的胡编乱造,实际上是千百年来老百姓口耳相传的加工创作。以"盐商一夜造白塔"的传说为例。清末民初,小说家许指严写《南巡秘记》,其中有篇《一夜喇嘛塔》,说的是盐商江春陪着乾隆游览,帝登临以望湖光,波平如掌,挹翠拖蓝,较之西湖殊不多让,忽自语曰:何酷似西山也,湖心乃亦有一小屿。惜少一喇嘛塔点缀其上,遂少佳趣。"朕明晨当再登此阁,领略朝暾初上,林霭未消之胜景耳。"江春侍奉在侧,深引为憾,乃持贿私询内监总管,取图归。亟召大匠某甲至,以千万金为赏,命作此塔,曰:"今夕晓钟为限,必成此塔,日出时即临幸也。"大匠奋然曰:"可。"醯商豪华甲全国,故物力繁庶,工若商之奔走谋衣食者辄半天下而轶京都。其时土木之工役仰食者达十余万人,皆备彼园林宅第不时之修缮。故大匠号召徒众,不期而会者数万,明确分工,明确信号,明确奖励,组若干人为一队,队各值一事,不相厕杂。赴工者熙熙攘攘,奋臂争先,火光人声彻夜,邪许之声与平山堂之剧场箫鼓相应答。晚炊甫竟,材料俱集而基础已定;乙夜而结构成;丙夜而甃砌成;加以涂壁装置、藻饰牖户、上甋梭而栖金爵,鸡始鸣矣。江春则在铃语阁上督工,时时望之,每成一局,大匠遣人走报,即浮一大白,酒壶既罄,大匠告成。清晨,江某邀皇上观赏,帝凭眺久之,语侍臣曰:"具此手段,不将如景教所云'七日而造成天地'耶?江某可谓能者矣!"此后,湖堧过者莫不指之曰:"此一夜造成之喇嘛塔也。"

故事无疑是虚构的,但确实反映了其时扬州盐商豪富、能工巧匠荟萃之实情。而在民间传说中,简单多了,说当时先用盐包堆成,皇帝走后才改为砖石,此说不仅更合理,而且直指核心:"塔是用盐堆成的",也就是说,用钱堆起来的。所以对民间传说不当以"假语村言"视之。

有基层民众的广泛参与,扬州的瘦西湖伴生出许多富有地方特色的文化现象,兹以造园、工艺、饮食三个方面予以论述。

第一节 造园技艺

园林的基本特征一是"游赏性",二是"人工性"。陈志华《古代园林》认为:前者是"区别于蓄兽游猎的苑和囿以及种蔬艺果的园和圃",后者"区别于可供游赏的自然景观,并限于一定的范围"。人们通过筑山叠石、理水引泉、栽植花木,表现主人的追求,在一定的范围内集自然界或模拟自然界的各种山水植物,建造与自然景观相协调的楼台厅阁、廊榭亭轩等建筑,并配以匾额、楹联、字画、灯具等陈设,从而形成人工景观和自然景观的协调和谐。正如陈从周先生《梓翁说园·说园》所说:"中国园林是由建筑、山水、花木等组合而成的一个综合艺术品,富有诗情画意。"

图 5-1 修禊冶春社

一、名家大师　筹划布局

明末清初，江南一带涌现出一批造园名家，有计成、张涟（南垣）和他的子侄、李渔、石涛、戈裕良等。扬州园林的建造，多有他们的参与。

计成早岁学画，宗关同、荆浩笔意，应郑元勋之邀，来扬为其建造影园，并在扬州完成了造园专著——《园冶》（1635 年刊印）。《园冶》不仅是我国造园的第一部专著，也是世界上关于园林修建的开山之作。

《园冶》一书包括兴造论、园说和相地、立基、屋宇、装折、门窗、墙垣、铺地、掇山、选石、借景等篇章。《相地篇》又有山林地、城市地、村庄地、郊野地、傍宅地、江湖地等。他提出了一系列的造园基本原则，其中最重要的有两条：一是"虽由人作，宛自天开"，二是"巧于因借，精在体宜"。

计成参与建造的扬州影园，茅元仪《影园记》誉之："于尺幅之间，变化错从，出入意外，疑鬼疑神，如幻如屦。"郑元勋《影园自记》也自许："大抵地方广不过数亩，而无易尽之患，山径不上下穿，而可坦步，然皆自然幽折，不见人工。一花、一木、一石，皆适其宜。审度再三，不宜，虽美必弃。"这段话语，既是称赞计成造园的高超技艺和影园景色的秀美幽深，也是对计成《园冶》"虽由人作，宛自天开"、"巧于因借，精在体宜"形象而又具体的诠释。

张涟，戴名世《南山集·张翁家传》有所介绍："少学画，为倪云林、黄子久笔法……君治园林有巧思，一石一树，一亭一沼，经君指画，即成奇趣，虽在尘嚣中，如入岩谷。诸公贵人皆延为上客，东南名园大抵多翁所构也。"张涟的长子张然还应召到北京参加了瀛台、静明园和畅春园的造园工作，他的后人在北京"兴业百余年未替"，称"山子张"，《清史稿》有传。李渔，如皋人，戏曲家，在北京创作了"半亩园"的假山。

石涛是扬州画派的开山鼻祖，今何园内的片石山房相传出自他的手笔，个园的四季假山据传也是根据他的画稿堆叠。钱泳《履园丛话》明确记载了戈裕良在扬州为秦恩复的意园累石为山，名曰"小盘谷"。"其堆法尤胜于诸家"，"当时名流咸集，文宴称盛"。"海内名公，无不知有小盘谷也。"

　　造园名家的造园理论、造园技艺和施工技术,对瘦西湖园林群的营造有着重要的影响。瘦西湖较之其他的江南私家文人园林来说,是一组"园林群"。金安清《水窗春呓》卷下《维扬胜地》说:"扬州园林之胜,甲于天下。由于乾隆六次南巡,各盐商穷极物力以供宸赏。计自北门抵平山,两岸数十里楼台相接,无一处重复……盖皆以重资广延名士为之创稿,一一布置使然也。"

　　"以重资广延名士为之创稿,一一布置使然也",使得瘦西湖景观有动观,也有静观。动观有较长的游览线,静观,就是园中有让游赏者驻足的观赏点。动静之分,有关园林的面积与大小。小园以静观为主,动观为辅;大园以动观为主,静观为辅。

　　瘦西湖最能勾引观赏者百看不厌的妙处,在于移步换景。移步换景,即是动观。瘦西湖园林群沿湖而造,长达十余里,以湖为主,一条曲水如锦带,或放或收,或宽或狭。从御马头开始,沿途缀以卷石洞天、西园曲水、虹桥、长堤春柳、趣园、徐园、小金山、凫庄、莲花桥、白塔等名胜古迹以及熙春台、二十四桥、石壁流淙、大明寺、观音山等景点(区),直至北部蜀冈。沿途各园以瘦西湖水体为共同空间,巧妙运用桥、岛、堤、岸等,既有机串联,又曲折多变。全湖宛如次第展开的国画长卷,主次有序,尤以莲花桥、白塔、吹台等景观达到极致,给人以感觉不尽的韵味。

　　静观,就是园中有让游赏者驻足的观赏点。瘦西湖园林群的每一个点都足以让游赏者驻足品味,小金山麓的琴室、棋室、书屋、月观等建筑群则是静观最具代表性的景区。

　　这组群落形制不大,造型清雅,用一堵粉墙阻挡住园外的喧嚣,给人淡雅素洁之美。粉墙留有花窗,又没有阻隔园外的风景,透过花窗,"似隔非隔,隔而不断",给人以"园外有园,景外有景"的感觉。

　　琴室,临水而建,两进三楹。南向面对"桃花坞"(今徐园),此处为湖身紧束处,雕栏贴湖,面水临桥,水边数株垂柳依水,绿荫蔽室。琴室两进之间庭院的东墙月门上,嵌着清代书家邓石如所书的石额"静观"。进月门,两楹屋前丹桂丛植,这是木樨书屋,寓意书香门第,翰墨生香。是园不大,粉墙曲拐向屋后，给人"庭院深深深几许"的感觉。随路曲行，便是棋室，棋室里的小桌上，嵌有两方用苏州府督造进贡的"金砖"改制的棋盘。出棋室，庭院里花木葱茏：春有牡丹，国色天香；夏有枇杷，金果满园；秋有天竺，顶戴红珠；冬有蜡梅，暗香浮动。四种木本植物，暗含春夏秋冬。游赏者能不在这里驻足？

琴室、棋室、书屋之后，自然就是画室了，但你找不到画室，只能见到一座月观。中国的许多艺术妙在含蓄，绘画强调虚实结合，作画贵在"笔不到意到"。造园如作画，构园者也注重虚实相生，月观就是画室。若月观明题画室，则过于求实，情趣大减。

月观沿湖而建，坐西朝东，背依桂园，厅前有廊，饰以雕栏，临水可以打开全部的隔窗，可临窗赏月。每当月圆之日，凭栏伫立，见月出于东方，徘徊于碧霄，最易勾人情思；尤其是月到中天，水月交辉，处于其间，令人有身心净化之感。即使月有缺阙，也大有可观，对岸的疏林修竹中，掩映着座座楼阁，是唐诗中的描述，也是宋元画中的笔墨，既有文人墨客的骚情，又有园亭生活的画意。月观内的郑板桥联"月来满地水，云起一天山"，为此景作了解读。观内无水而有水意，观前无山却具山情。

"琴、棋、书"明写，"画"则暗喻，非得读园，方能与主人共鸣出"画"意。园中园的构置，是我国古典园林造园艺术的华彩之笔，在不大的空间，以园墙分隔，大园中藏小园，可动观，又可静观，非身临其境不能体会。陈从周先生在《说园·三》中说："余小游扬州瘦西湖，舍舟登岸，止于小金山'月观'，信动观以赏月，赖静观以小休。兰香竹影，鸟语桨声，而一抹夕阳，斜照窗棂，香、影、光、声相交织，静中见动，动中寓静，极辨证之理于造园览景之中。"

宜近观，也宜远望的最佳处，还有小金山西麓的"湖上草堂"和"绿筱沦涟"。这里意境开阔，无论什么时候放眼闲眺，湖上四季景色尽收眼底。"湖上草堂"堂前有青石广场，临水围以石栏，凭栏观景，视野开阔，五亭桥、白塔等主景画面一览无遗。

二、叠山理水　再现自然

山是园林的骨肉,水是园林的血脉。水围山转,山因水活,山和水构成造园最主要的要素。

陈从周先生在《说园·三》中说道:"园林叠山理水,不能分割言之,亦不可定式论之,山与水相辅相成,变化万方。山无泉而若有,水无石而意存,自然高下,山水仿佛其中。……画中之笔墨,即造园之水石,有骨有肉,方称上品。石涛(道济)画之所以冠世,在于有骨有肉,笔墨俱备。……山不在高,贵有层次。水不在深,妙于曲折。峰岭之胜,在于深秀。……泰山之能为五岳之首者,就山水言之,以其有山有水。"

造园在于再现自然,追求的是自然的灵秀之美。瘦西湖园林群,是依托扬州城的护城河而形成的一条连贯细长而又曲折变化的线形水体,袁枚在《扬州画舫录·序》中说瘦西湖水道在乾隆之初还"长河如绳,宽不过二丈许";四十年之后,经"赋工属役",不断拓宽、浚深理水治湖,"水则洋洋然回渊九折矣"。可见,瘦西湖园林群的营造,首先在于理水,或者说,瘦西湖园林群的形成的过程,也就是理水的过程。

计成在《园冶》中说"卜筑贵从水面","江干湖畔,深柳疏芦之际,略成小筑,足征大观也"。瘦西湖上大大小小的数十座园,皆依水而筑。瘦西湖不仅是这些园林的通道,湖水自身也是美景。瘦西湖水蜿蜒曲折,或波平如镜,或涟漪轻漾,或清澄碧染,或浮银跃金,更因为它的分汊、汇合、潆洄、浩渺,又生出诸多自然、美丽的画面。

湖边的建筑物顺着水势曲折多变,高度一般也只是一层,偶有二层,楼台亭榭,洞房曲户,一花一石,各出新意。这不但增加了空间感,又与低平水面互相呼应,突出了白塔、五亭桥,以远处的平山堂、观音山作为"借景"。沿湖建筑,水陆交融,曲岸引流,使陆上有限的面积用水来加以扩大。

水道的处理,手法多种,无一雷同。小金山是用葑泥堆土石于湖中;西园曲水的琵琶岛则是将葑泥堆成小汀;荷浦熏风则是湖中设湖,北首堆成土阜,建造小亭,南部挖出湖池,种植菱荷,"湖中有岛,岛中有池,池中有花";钓鱼台则是筑长渚伸入湖心。水道经过种种处理后,变化多端,形成不同情趣的观赏效果。

莲花埂的开挖、五亭桥的构筑及小金山的堆垒,是瘦西湖理水的大手笔。计成在《园冶》中所说"疏水若为无尽,断处通桥"。开莲花埂新河,画舫可从虹桥、小金山直通平山堂。然而,从小金山到熙春台,水面宽阔,犹如直筒,有了五亭桥,则有一条金色的腰带,束着了湖腰。本来近在咫尺的景色,有了五亭桥的遮挡,仿佛隐在远处,增加景深和空间层次。而小金山将弯道入口分成两道,水面顿显幽深曲折。而且这么一来,瘦西湖水道的三个折弯处都有了较大的空间以设置园林群落。

瘦西湖水道曲折逶迤,或收或纵,河道虽窄,却显出水面的宽阔。郁达夫先生在《扬州旧梦寄语堂》中说到了他的感受:"瘦西湖的好处,全在水树的交映与游程的曲折;秋柳影下,有红蓼青萍,散浮在水面,扁舟擦过,还听得见水草的鸣声,似在暗泣。而几个弯儿一绕,水面阔了,猛然间闯入眼来的,就是那一座有五个整齐金碧的亭子排立着的白石平桥,比金鳌玉蝀,虽则短些,可是东方建筑的古典趣味,却完全荟萃在这一座桥,这五个亭上。"可见,水不在深,妙在曲折。

小金山西端的长渚与湖水北岸平行。既不阻隔流水、画舫,又增加了水面风景层次,丰富了水面景色。若长渚再向西延伸,吹台的三个月洞门也就无法框入白塔、五亭桥、水云胜概三处全景。水中一渚之筑,渚上一亭之设,渚的方位、长短,亭

图5-2 园艺

的大小、形式等等,设计得都十分的巧妙、精当。

湖上园林濒临绿水,适当将湖水引入园内曲池,能丰富景观,增添园内自

然、幽静的氛围。如"西园曲水"一景，园在水曲处，西临湖水，南临城河水口，又于园之西侧，掘地而成曲池。池之北，筑浣香榭，东侧岸边置一石舫；西南，有拂柳亭，池岸植柳，池内养荷。池南端堤埂上开水口，上筑小桥，引城河水入池，水流鲜活，成为"西园曲水"园内景色最清幽处。

徐园的东面和北面依水，园中曲池水碧清浅，池岸土石相错，岸边栽植垂柳、碧桃，水边丛生红蓼、菖蒲，池面漂浮睡莲、青荷。黄鹂啼于柳间，青蛙伏于岸边，不由得游赏者不驻足。这曲池水从哪儿来？细细寻找，才会发现，原来东墙脚下有草丛遮掩的水洞，湖水流过青石小桥，与曲池相接——曲池之水与园外湖水相通。依水建园、引水入园，隐而不露，形成外依绿水、内抱曲池的特色。

静香书屋、白塔晴云又是另一番情趣，"水竹居"则是引水入室的佳例。"水竹居"即"石壁流淙"，乾隆南巡时赐名"水竹居"，这是一处由两大部分、九个厅堂组成的建筑群。李斗《扬州画舫录》卷十四记载："'石壁流淙'，以水石胜也。是园辇巧石，磊奇峰，潴泉水，飞出巅崖峻壁，而成碧淀红涔，此'石壁流淙'之胜也。先是土山蜿蜒，由半山亭曲径逶迤至此，忽森然突怒而出，平如刀削，峭如剑利，襞积缝纫。淙嵌㳍岨，如新篁出箨，匹练悬空，挂岸盘溪，披苔裂石，激射柔滑，令湖水全活，故名曰'淙'。淙者众水攒冲，鸣湍叠濑，喷若雷风，四面丛流也。"

《扬州画舫录》还说道："是园由西爽阁前池内夹河入小方壶，中筑厅事，额曰'花潭竹屿'。厅后为静香书屋，屋在两山间，梅花极多。过此上半山亭，山下牡丹成畦，围以矮垣，垣门临水，上雕文砖为如意，为是园之水马头，呼为'如意门'。门内构清妍室，室后壁中有瀑入内夹河。过天然桥，出湖口，壁中有观音洞，小廊嵌石隙，如草蛇云龙，忽现忽隐，莳玉居藏其中。壁将竟，至阆风堂，壁复起折入丛碧山房，与霞外亭相上下；其下山路，尽为藤花占断矣。盖石壁之势，驰奔云矗，诡状变化，山榴海柏，以助其势，令游人攀跻弗知何从。如是里许，乃渐平易，因建碧云楼于壁之尽处，园内夹河亦于此出口。楼右筑小室四五间，赐名'静照轩'。轩后复构套房，诡制不可思拟，所谓'水竹居'也。……自望春楼入夹河，上庋水阁，入水厅，碧缘四溢，潭深无底，菱茨郁兴，蹙水生花，无数水鸟踏浪而飞，层层成梯，令游其中者人面烟水不相隔也。……水廊西斜，蓼浦兰皋，接径而出，中有高屋数十间，题曰'花潭竹屿'。……屋后危楼百尺，栏槛涂金碧。楹柱列锦绣，望之如天霞落地。右入浅岸，种老梅数百株，枝枝交让，尽成画格。中建静香书屋，汲水护苔，选树编篱，自成院落，如隔人境。……静香书屋之左，土径如线，隐见草际。干松湿云，怪石路齿，建半山亭以为游人憩息之所。……"石壁间作流泉飞瀑，成为湖上罕见的景观。引水入室，碧水在室内潆绕，滴泉叮咚，幽情丝丝，倘若盛夏酷暑入室，顿生清凉之感。

构园当因地制宜，有的以山配水，有的是以水配山。瘦西湖园林群依湖而建，垒山叠石是理水的需要，又显现出不同的意境。这就是陈从周先生说的"叠山理水，不能分割言之，亦不可定式论之，山与水相辅相成"。

卷石洞天的叠石和小金山堆垒，是垒山叠石的佳作，更是理水的妙笔。

卷石洞天顺城河北岸高坡之势而造，土坡高十余米，假山主体在土坡之上，南侧山脚顺势下延至坡底。坡上岩前，深潭与山体曲折相依，潭中之水，紧贴山崖，蜿蜒回流在山腹洞曲之内，随岩壁层层迭落，淙淙有声，流入城河。山与水的动与静，刚与柔，水石交融，相依相随，水随山转，山因水活。在坡底河岸上回望，只见山势奔涌直上，峰峦起伏于绿竹青松间，起伏绵延的气势和危峰迭峻峭拔挺秀的气势，使此山似乎高了许多。林深池幽，令人感到此处颇似神仙洞府。山水交融。岩前有深潭，洞内有流水，岩坡有落泉，形成了一幅绿水映带、峰峦耸峙的山水图景。难怪李斗在《扬州画舫录》卷六说卷石洞天是郊外第一假山：

卷石洞天……即古郧园地。郧园以怪石老木为胜……临水太湖石山，搜岩剔穴为九狮形，置之水中。上点桥亭，题之曰"卷石洞天"，人呼之为小洪园。园自芍园便门过群玉山房长廊，入薜萝水榭。榭西循山路曲折入竹柏中，嵌黄石壁，高十余丈；中置屋数十间，斜折川风，碎摇溪月。东为契秋阁，西为委宛山房。房竟多竹，竹砌石岸，设小栏点太湖石。石隙老杏一株，横卧水上，夭矫屈曲，莫可名状。……其右建修竹丛桂之堂,堂后红楼抱山,气极苍莽。其下临水小屋三楹,额曰"丁溪",旁设水马头。其后土山逶迤,庭宇萧疏,剪毛栽树,人家渐幽,额曰"射圃",圃后即门。……廊与河蜿蜒,入薜萝水榭。后壁万石嵌合,离奇天矫,如乳如鼻,如腭如脐,石骨不见,尽衣萝薜。榭前三面临水,欹身可以汲流漱齿。……狮子九峰,中空外奇,玲珑磊块,手指攒撮,铁线疏剔,蜂房相比,蚁穴涌起,冻云合遝,波浪激冲,下本浅土,势若悬浮,横竖反侧,非人思议所及。树木森戟,既老且瘦。夕阳红半楼飞檐峻宇,斜出石隙。郊外假山,是为第一。

瘦西湖四周无高山,只在西北有平山堂、观音山,也就是蜀冈东、中两峰。名为峰,实际上只是略具山势而已。小金山在水面上增土为岭,平地拔起,成为湖上居高点,不仅使湖面上有高低起伏,又使水道分叉曲折,还与北部的两峰遥遥相望。

小金山北坡上散叠黄石,砌筑石壁、水道、小桥。土坡上植松、竹、梅,石隙中长迎春、藤萝,再上下点缀亭阁,布置厅堂庭院。东坡有山道,一路回环直抵山顶"风亭",遥望西湖全景后,可由"风亭"北的山道下山。东坡上山的半道也可西折下山,半道还有一组建筑叫"小南海"。这些叠石、建筑,使"如拳"的小金山大了许多,增添若干情趣。

三、人工建筑　奇巧雅致

谢溶生在《扬州画舫录》序中说:"增假山而作陇,家家住青翠城闉;开止水以为渠,处处是烟波阁楼。"可见建筑是园林不可缺失的组成部分。瘦西湖园林群中的建筑有桥、塔、台、厅、堂;楼、室、亭、榭;轩、廊、房、馆等,建筑形式争奇斗艳,新颖而多有创意。

就桥而言,前面谈到的五亭桥,即莲花桥。《扬州画舫录·桥西录》云:"莲花桥在莲花埂,跨保障湖……上置五亭,下列四翼洞,正侧凡十有五。月满时每洞各衔一月,金色滉漾。乾隆丁丑,高御史创建。"《平山堂图志·卷二》有大致相同的记载:"亘保障河上,巡盐御史高恒建。桥上置五亭,下列四翼。洞正侧凡十有五,月满时,每洞各衔一月,金色混漾,卓然殊观。"此桥构想丰富,形制新颖,规模宏大,端庄秀丽。五亭桥的造型,说法不一。陈从周先生说是模仿北京北海大桥、五龙亭及白塔,因地制宜缩小。也有人认为,五亭桥的设计来自北京景山上的五座亭子。五亭桥的奇巧构造,使专家们难说源头,足见创意新颖。

莲性寺白塔。《扬州画舫录》卷十三曰:"莲性寺……后建白塔,仿京师万岁山塔式。……所塑神像,出苏州名匠手,皆极盛制。……建台五十三级,台上造白塔。塔身中空,供白衣大士像。其外层级而上,加青铜璎珞,鎏金塔铃,最上簇鎏金顶。"陈从周先生在《瘦西湖漫谈》中说:"在最阔的湖面上,五亭桥及白塔突出水面,如北海的琼华岛与西湖的保椒塔一样,成为瘦西湖的特征。白塔在形式上与北海相仿佛,然比例秀匀,玉立亭亭,晴云临水,有别于北海白塔的厚重工稳。"江南园林,只有扬州湖上有这种形式的塔。

五亭桥、白塔的结构和造型,都有着北方京都建造艺术的特色,又有南方园林建筑艺术的风格,南秀北雄兼具的五亭桥和白塔,不仅成为瘦西湖的特征,也是扬州标志性的建筑,在中国园林史和中国建筑史上,都有着特殊的地位。

图 5-3　五亭桥雪景

说到台和厅，自然是以"春台祝寿"的建筑为代表。《扬州画舫录·工段营造录》说："湖上熙春台，为江南台制第一杰作。""熙春"一词出自《老子》的"众人熙熙，如享太牢，如登春台"。因此为"两淮人士在此为乾隆献寿嵩呼之所"，处处体现出皇家园林富丽堂皇的阔大气派。《扬州画舫录·冈西录》记载的"熙春台在新河曲处，与莲花桥相对。白石为砌，围以石栏，中为露台。第一层横可跃马，纵可方轨。分中左右三阶皆城。第二层建方阁，上下三层。下一层额曰'熙春台'"，主体建筑熙春台，碧瓦飞甍，富丽堂皇，"柱壁屏障，皆画云气，飞甍反宇，五色填漆；上覆五色琉璃瓦，两翼复道阁梯，皆螺丝转"。颇有紫禁城角楼的味道，而形制更为秀丽。熙春台主楼和两亭分别以串廊和栈道连接，"左通圆亭重屋，右通露台，一片金碧，照耀水中，如昆仑山五色云气变成五色流水，令人目迷神恍，应接不暇"。

《扬州画舫录·工段营造录》中说到"湖上多亭，皆称佳丽"。吹台的奇巧前已述及，吹台名为"台"，实际上是一座有四面月洞门的重檐方亭，亭所处的位置、大小、形式等等，都恰到好处，十分精当。

五亭桥东南侧湖面上的凫庄，是添景的妙笔。五亭桥前无它，则显得空荡而没有层次，倘若过大则又显得拥堵。凫庄四面环水，临水处筑有水榭、平台与曲廊，又有少许山石，山上筑亭，山南凿池，环岸种柳。面积虽小却优雅别致。凫庄建于晚近，至今不足百年，然与整个瘦西湖景观浑然一体，在湖中起点缀作用，使得湖面空中有实，相映成趣。五亭桥下有了这座小巧玲珑的别墅，实在是奇思妙想。

瘦西湖景观建筑的奇思妙构，还有多多，这里不妨再举一例。如游赏者从徐园而至小红桥，瘦西湖开阔的地界、阔大的湖景使人豁然开朗。再回首徐园，方知徐园是整个瘦西湖的屏障。欲扬先抑。园林抑景，常用的是山抑、树抑、墙抑、房抑，而瘦西湖则是安排了这样一座园林，就像看戏一样，有序幕，有发展，有跌宕，逐渐形成高潮。

徐园本身就是极精巧的园林。站在园外，月洞门如一画框，园内依依杨柳，迎门点石，如园的帘幕，欲遮又露，朦胧依稀，微风过处，柳枝摇曳，透出殿宇一角，这是活的屏障，有生命的屏障。

此外,蜀冈朝旭的高咏楼、万松叠翠的旷观楼、尺五楼,锦泉花屿的箖竹轩、笼烟筛月之轩,锦泉花屿的藤花榭,卷石洞天的曲廊等建筑,都很有特色。瘦西湖园林群,在造园者争奇斗妍的心理需求和雄富财力的支撑下,既有传统的造园技艺,又有时尚的造园理念,使得扬州园林发展到了一个鼎盛的阶段,呈现出与前一时期不同的新貌。

四、花木盆景　各具神韵

花木是园林不可分割的组成部分,前面在谈造园艺术时已经有所及,园林中若没有花草树木,则成了"穷山恶水",有了花草树木,就有了自然的神韵。陈从周先生在《说园》中说,"园林树木的栽植,不仅为了绿化",还要有画意。不同的园林,不同的园区,应该有各自的特色。陈先生还说,"一个地方的园林应该有那个地方的植物特色。"

瘦西湖园林群最盛的是杨柳,杨柳是与瘦细宛转的湖水形态最为契合的植物。湖水曲曲折折,岸柳绿影绵延。

柳在扬州的栽培历史,十分悠久,大规模的栽植,可以推到隋代。隋炀帝杨广曾大力提倡种植柳树,并附会出民间故事:说是隋炀帝下扬州时,大堤上光秃秃的无遮无挡,随行官员被似火的骄阳烤得实在受不了,便有大臣进言,在堤坝上栽植柳树,一是柳树长成,树根则四处伸展,可保护河堤;二是背纤的美女可得树荫遮阳;三是牛羊可吃树的枝叶。隋炀帝听后大喜,向民间下诏,凡敬献柳树的都给予奖励。隋炀帝亲自种下一棵柳树,群臣也跟着一起种植,民众自然纷纷进献。隋炀帝还赐垂柳树姓"杨",从此柳树又称作"杨柳"。

传说不是历史,但往往有历史的影子。隋堤柳曾是扬州一条靓丽的风景线,它绿影千里,自汴而淮,逶迤南来,"秦邮八景"中有一景就是"邗沟烟柳"。运河两岸,柳色绵延,绿荫不尽。隋朝短暂,唐代咏隋堤柳的诗有很多,李白在《广陵赠别》中说"系马垂杨下,衔杯大道间"。白居易在长诗《隋堤柳》中说:"大业年中炀天子,种柳成行夹流水。西至黄河东流淮,绿荫一千三百里。

大业暮年春暮月，柳色如烟絮如雪。"晚唐诗人皮日休《汴河怀古》中说"万艘龙舸绿丝间，载到扬州尽不还"。杜牧在《隋堤柳》中说："夹岸垂杨三百里，只应图画最相宜。"他在《扬州三首》中还说，"街垂千步柳，霞映两重城"，此时扬州的杨柳已是沿街而立，拂人衣肩。

陈从周先生在《漫画瘦西湖》中说："扬州旧称绿杨城郭，瘦西湖上又有绿杨村，不用说瘦西湖的绿化是应以杨柳为主了。……在瘦西湖的春日，我最爱'长堤春柳'一带，在夏雨笼晴的时分，我又喜看'四桥烟雨'。总之不论在山际水旁，廊沿亭畔，它都能安排得妥帖宜人，尤其迎风拂面，予人以十分依恋之感。"

"长堤春柳"是清代北郊二十四景之一。瘦西湖西岸的堤上，每到春天，一红一绿，齐齐整整，绵延好几里，望不到头。人们说"过了大虹桥，一棵杨柳一棵桃"，就是指的这条长堤美景。清初词人费轩的《梦香词》中有一首说："扬州好，湖上尽逍遥。千处园林千处景，一株杨柳一株桃，岂但是春宵。"

"长堤春柳"构成桃红柳绿的美景。《扬州画舫录·桥西录》说："扫垢山至此，蓊郁之气更盛，种树无不宜，居人多种桃树。北郊白桃花，以东岸江园为胜，红桃花以西岸桃花坞为胜。是地为桃花坞比邻，桃花自此方起，花中筑'晓烟亭'。"又，长春桥西，植桃树数百株，半掩半藏于楼阁之间，花开时节，红艳如霞，照人腮额，这就是北郊二十四景之一"临水红霞"的由来。

柳、桃之外，扬州人尤其喜爱植竹。苏东坡《於潜僧绿筠轩》的诗句"宁可食无肉，不可居无竹。无肉令人瘦，无竹令人俗"，脍炙人口，传颂不衰。竹是高雅、纯洁、虚心、有节的象征，居而有竹，则竹影婆娑，姿态入画，幽簧拂窗，清气满院。

扬州自古多竹，唐代诗人姚合《扬州春词》中，就有"有地惟栽竹，无家不养鹅"的描述。瘦西湖园林群中多竹，还有直接以竹为名的园、馆、堂、阁和亭等，如前面已经提到的水竹居、青琅玕馆、竹间水际、菉竹轩、笼烟筛月之轩等。园林中大片群植绿竹，是扬州园林绿化的特色之一。如果说杨柳为扬州园林增添了秀丽的景色，那一丛丛、一株株的绿竹修篁，则赋予了扬州园林几分潇洒和几分风雅。

　　"松、竹、梅"被称为岁寒三友,是中国传统文化中高尚人格的象征,人们常借以比喻忠贞的友谊。瘦西湖园林群中自然也少不了松、竹、梅。

　　北郊二十四景中有一景为"万松叠翠",一名吴园,园内"多竹。中有萧家桥……过萧家桥,入清阴堂……至此山势渐起,松声渐近,于半山中建绿云亭,题曰'万松叠翠'。是园胜概,在于近水。竹畦十余亩,去水只尺许,水大辄入竹间。因萧村旧水口开内夹河通于九曲池,遂缘旧堤为屿,屿外即微波峡西岸,近水楼台,皆于此生矣"。《扬州画舫录》卷十六还记载,蜀冈"中峰有万松岭、平山堂、法净寺诸胜……中峰之东,山脊耸峙,上多松柏,即万松岭。岭上建万松亭,江外诸山,至此一览可尽。岭内空地多梅树,即十亩梅园"。万松岭,是徽州盐商汪应庚所建。他因造此岭,被人们称为"万松居士"。

　　湖上又有一景为"小香雪"。《扬州画舫录》记载:"由峒口松风水月桥山麓细路三四折上岭,冈连阜属,苍苍翁郁,上建万松亭,亭中供奉御书'小香雪'石刻。……小香雪即十亩梅园,在今万松岭内,西界平楼,东至万松亭后坡下。其北寿藤古竹,轇轕不分。修水为塘,旁筑草屋竹桥,制极清雅,上赐名'小香雪居'。御制诗云:'竹里寻幽径,梅间卜野居。画楼真觉逊,茆屋偶相于。比雪雪昌若,曰香香澹如。浣花桂甫宅,闻说此同诸。'注云:'平山向无梅,兹因盐商捐资种万树,既资清赏,兼利贫民,故不禁也。'时曹楝亭御史扈跸至扬州诗有'老我曾经香雪海,五年今见广陵春'之句,盖纪胜也。"

　　游赏性的园林与植物园不同,是以观赏为主,而非以种多斗奇。陈从周《说园》认为:"要能做到'园以景胜,景因园异'……当然也包括花卉在内。同中求不同,不同中求同……"瘦西湖上花草的栽种,也是"因园而异"。

　　瘦西湖园林中种植荷花的地方很多,湖上诸园,荷花之美也一直为游人喜爱。人们说到湖上春夏两季景色,有"两岸柳色绵延,十里荷香不断"之说。北郊二十四景中有一景是"荷浦薰风",为盐商江春所建。《扬州画舫录》卷十二记载:"春波桥跨园中内夹河。桥西为'荷浦薰风',桥东为'香海慈云'。是地前湖后浦,湖种红荷花,植木为标以护之;浦种白荷花,筑土为堤以护之。堤上开小口,使浦水与湖水通。上立枋楔,左右四柱,中实'香海慈云'之额。"江春爱荷花,乾隆三十七年(1772年)南巡时,赐名"净香园"。并作诗二首:

"满浦红荷六月芳,慈云大小水中央。无边愿力超尘海,有喜题名曰净香。结念底须怀烂缦,洗心雅足契清凉。片时小憩移舟去,得句高斋兴已偿。"另一首为:"雨过净依竹,夏前香想莲。不期教步缓,率得以神传。几洁待题研,窗含活画船。笙歌题那畔,可入牧之篇。"

在绚丽的百花园中,洛阳牡丹和广陵芍药是一对姐妹花。瘦西湖园林群自然少不了芍药。

扬州芍药栽培的历史,可以追溯到南朝刘宋的元嘉年间(424—453 年)徐湛之出任南兖州刺史的时候。到了宋代庆历至熙宁年间(1041—1077 年),扬州芍药已名冠天下,是全国芍药培育、生产、研究、观赏的中心。此时名品迭出,最著名的是"金带围"。刘攽的《芍药谱》和沈括的《梦溪笔谈·芍药花会》还记载了"四相簪花"的传奇故事:韩琦出任扬州太守时,"后园中芍药一干分四岐,岐各一花,上下红中间黄蕊间之"。邀请了王安石、王珪、陈升之四人饮酒赏花,"至中筵,剪四花,四客各簪一枝,甚为盛集。后三十年,四人皆为宰相"。刘攽和沈括所记四人簪花、拜相的事虽不是虚构,但拜相之事,实属巧合。然而就在这出自偶然巧合的记述中,反映了当时扬州芍药生长繁盛、名品迭现的状况。

清代瘦西湖园林群渐盛,各园皆辟花圃,为四季莳花之地。芍药则以篠园最为著名。《扬州画舫录》卷十五记载:"篠园在廿四桥旁",襟带保障湖,北挹蜀冈三峰,东接宝祐城,南望红桥。这块地方有四十亩,原是"康熙间土人种芍药处也"。及至"康熙丙申(1716),翰林程梦星告归,购为家园"。园中仍有十余亩尽为芍田。"堂之北偏,杂植花药,缭以周垣……芍山旁筑红药栏……"

湖上芍药除篠园外,法海寺及白塔晴云等处亦有栽植。《扬州画舫录》卷十四载:白塔晴云"园中芍药十余亩,花时植木为棚,织苇为帘,编竹为篱,倚树为关。游人步畦町,路窄如线,纵横屈曲,时或迷失不知来去。行久足疲,有茶屋于其中,看花者皆得契机时饮焉,名曰芍厅"。

陈从周先生在《扬州的园林与住宅》中说:"中国园林的绿化,不能不考虑盆景。"陈从周先生还在《瘦西湖漫谈》中说:"盆景在扬州一带有其悠久的历史,与江南苏州颉颃久矣。其特色是古拙经久,气魄雄伟,雅健多姿,而无忸怩作态之状;对自然的抵抗力很强,适应性亦大。在剪扎上下了工夫,大盆的松、柏、黄杨,虬枝老干,缀以'云片'繁枝,参差有序,具人工天然之美于一处。其他盆菊、桃桩、梅桩、香橼、文旦桩等,亦各臻其妙。它可说是南北、江浙盆景手法的总和,而又能自出心裁,别成一格,故云之为'扬州风'。"

扬州的盆景肇始于唐宋。苏东坡在知扬州任上,曾作《双石》诗一首,诗前小引中说"至扬州获二石。其一绿石,冈峦迤逦,有穴止于背,其一玉白可鉴,渍以盆水置几案间。忽忆在颍州日,梦人请往一官府,榜曰仇池。觉而诵杜子美诗曰:'万古仇池穴,潜通小有天。'乃戏作小诗,为僚友一笑"。这就是他在扬州获得仇池石的由来。这一仇池石是他的心爱宝贝,他称之为"希代之宝"。《双石》诗中有"梦时良是觉时非,汲水理盆故自痴。但见玉峰横太白,便从鸟道绝峨嵋"之咏。这是记载和描述扬州盆景实物的最早的文字。

到了清代,扬州盆景已有了很大的发展。《扬州画舫录·草河录下》曾介绍了乾隆时的情况:"湖上园亭,皆有花园,为莳花之地。桃花庵花园在大门大殿阶下。养花人谓之花匠,莳养盆景,蓄短松、矮杨、杉、柏、梅、柳之属。海桐、黄杨、虎刺以小为最,花则月季、丛菊为最。冬于暖室烘出芍药、牡丹,以备正月园亭之用。盆以景德窑、宜兴土、高资石为上等。种树多寄生,剪丫除肄,根枝盘曲而有环抱之势。其下养苔如针,点以小石,谓之花树点景。又江南石工以高资盆增土叠小山数寸,多黄石、宣石、太湖、灵璧之属,有圯有岫,有罅有杠,蓄水作小瀑布倾泻危溜。其下空处有沼,畜小鱼游泳呴嚅,谓之山水点景。"扬州盆景在乾隆时就有花树盆景和山水盆景两种类型。

图 5-4　扬派盆景层云

扬州的盆景融"诗、书、画、技"为一体，是艺术与技术结合，也是技艺与文化的结合，技艺赋予其形，文化赋予其魂。从而形成"层次分明，严整平稳"的风格和"一寸三弯"剪扎技艺的独特风格，既端庄大气，又工笔细描、飘逸、清秀、古雅、写意，具有极强的装饰性和深远的意境。尤其是在树桩类盆景中，佳品迭现，声誉日隆，成为全国五大派系之一。

五、金鱼养殖　玲珑多姿

金鱼以艳丽的色彩、优美的体形为人们所喜爱，也是园林曲池中必不可少的观赏品。扬州养殖何时开始，无从考证，至迟可以上溯到明代。而大规模的养殖金鱼，则是伴随着清乾隆年间瘦西湖园林群的兴起。

明代文人屠隆(1543—1605)著有《金鱼品》，记述了当时扬州、苏州、北京三地已盛行蓄养玩赏金鱼："金盔、金鞍、印头红、连鳃红、鹤顶红、墨眼、雪眼、玛瑙眼、十二红、二六红、十二白，种种不一。……广陵、新都、姑苏竞珍之。"明末诗人郝璧曾写有一组《广陵竹枝词》，其中有两首写到扬州金鱼："盎中小岛气通虚，金管文鳞三尾鱼。叶叶青钱团盖下，深红刺藻自吹嘘。"这是写他在扬州金鱼市上看到的观赏盆景，盆中有小岛凸起，几条金管文鳞的三尾金鱼，正在马蹄莲叶和红尾狐藻的掩映下自在嬉游，嘧喋戏耍。另一首"斗班合笋石玲珑，窄径穿花突一宫。侧转危桥衔履下，临溪金色小鱼红"则是写他在一处园林里见到有小溪流入鱼池，几尾金鱼正沿着溪流上溯时的活泼场景。这两首诗形象地再现了明代晚期扬州人的休闲生活和普遍养殖金鱼的现实画面。

清康熙三年(1664年)暮春，陈维崧应邀来扬州参加文宴雅集。后来他在《依园游记》中写道："园不十亩，台榭六七处，先生与诸客分踞一胜。雀炉、茗碗、楸枰、丝竹，任客各选一艺以自乐。少焉，众宾杂至，少长咸集，梨园弟子演剧，音声圆脆，曲调济楚，林莺为之罢啼，文鱼于焉出听矣。是日也，风日鲜新，池台幽靓，主宾脱去苛礼，每度一曲，坐上绝无人声。园门外青帘白舫，往来如织。""文鱼于焉出听矣"道出园中昆曲艺人美妙动听的演唱，文士们凝神专注聆听，林莺也为之罢啼，池中的各色金鱼也在悠闲摇头晃脑地徜徉"出听"的场景，可见此时的扬州，无论是富商的园圃，或是文士的雅集之地，金鱼已是必备的观赏佳物。

乾隆时，伴随着瘦西湖园林群的形成，各家园林曲池里的金鱼已是名种迭出，尤以蛋种金鱼和蝴蝶尾金鱼遐迩驰名。费轩曾的《梦香词》中有一首专写扬州妇女在北门一带观赏金鱼的词："扬州好，凭槛喜双蛾。小队文鱼圆似蛋，一缸新水绿于螺，上下跃青波。""双蛾"是指隔着栏杆观赏金鱼的少女，蛋鱼是"管鳞"金鱼的变异种，也是康乾时期引领时尚的新培植的名品。

《扬州画舫录·新城北录上》说："鱼市亦谓之鱼摊，在广储门。"扬州广储门外沿护城河一带，因为取水方便，城河中又多有鱼虫可供捞取，地点又邻近瘦西湖，明代中晚期，这儿就出现了一批靠培植金鱼为生的专业户，还出现了培植金鱼的名家和世家。其中最著名的是史公祠旁的柳林园主朱标。《扬州画舫录》对此又记载说："柳林在史阁部墓侧，为朱标之别墅。标善养花种鱼，门前栽柳……柳下置砂缸蓄鱼，有文鱼、蛋鱼、睡鱼、蝴蝶鱼、水晶鱼诸类。《梦香词》云：'小队文鱼圆似蛋，一缸新水翠于螺'，谓此。上等选充金鱼贡，次之游人多买为土宜，其余则用白粉盆养之，令园丁鬻于市。有屋十数间为茶肆，题其帘曰'柳林茶社'。"柳林茶社的金鱼市持续了很长时间，从乾隆时至道光年间都未歇业，可见朱标一家是世代经营，艺花育鱼，生意兴隆。

扬州因其优良的地理气候以及人文环境，其金鱼的培育技艺，在选种、繁殖、育苗、饲养、防病、养水、选育、复壮以及人工配种、大群体自然繁殖等方面，均有别于他处。业者讲究"工夫要勤，养之日久，体察得道，熟能生巧，自必入门。非可言传，在人意会耳"。并以"绿水"蓄鱼，"活食"(红虫)饲喂为秘诀，使得上市的金鱼的体型玲珑，色彩鲜艳，品相齐整，品质高雅。

第二节　特色工艺

与瘦西湖景观相伴而生的扬州特色工艺，最为人瞩目的是雕版印刷、漆器、玉器、剪纸等。这些技艺都被列入第一批国家级非物质文化遗产名录，雕版印刷还被列入世界级非物质文化遗产名录。

一、雕版印刷

关于扬州雕版印刷的起始，说法不一，有说是唐代，有说是宋代，见于史料最早的记载是南宋乾道二年（1166 年），扬州州学教授汤修年主持刻印了沈括的《梦溪笔谈》。但不管哪一说，如《扬州文化通论》所说："唐宋时期的扬州刻书还处于起始阶段，扬州雕版印刷真正成为一个拥有特殊技艺的行业，还是在明清时期。"清代发展到极盛。当时扬州的刻书业有官刻、坊刻、家刻。

官刻就是由官府设立的刻书机构，由官员主持刻书工作。扬州官刻的独特之处是规格高，规模大，持续时间久，影响深远，成果丰硕。康熙四十四年（1705 年），曹寅任江宁织造兼巡视两淮盐务监察御史（即两淮盐政），奉旨刊刻《全唐诗》，由翰林院庶吉士俞梅，侍讲彭定求，编修沈三曾、杨中讷、潘从律、汪士鋐、徐树本、车鼎晋、汪绎、查嗣瑮等同事校刊。五月在瘦西湖景观起点的天宁寺设扬州诗局，召集全国各地雕版印刷能工巧匠前来效力。从校补、缮写到雕刻、印刷、装帧，无不精益求精，全书九百卷，收录两千二百余人的诗作四万八千多首，仅一年多时间刻竣，分装一百二十册，十二函。版式为半页十一行，每行二十一个字，白口，双鱼尾，左右双边。全书写、刻、校、印皆精。工楷写刻，字体秀润，墨色均匀，用开花纸印刷，纸张坚韧洁白。样书进呈康熙阅览，康熙看了样本，大为赞赏，御批"刻的书甚好"，是版本学家公认的清代精刻本之一。他在刊刻《全唐诗》的同时，还刊刻了《类编》、《集韵》、《大广益会玉篇》、《重修广韵》、《附释文互助礼部韵略》，总称为《楝亭五种》，此外又刊刻名曰《楝亭十二种》的丛书，一称《楝亭扬州诗局十二种》，其刻印之精，为世人称道。

为刻《全唐诗》而聚集在扬州全国各地雕版印刷的编校、书写、镌刻、印刷优秀人才，在《全唐诗》刻印完成后，留在扬州，较为集中地居住于近郊的杭集。这些能工巧匠，有的继续在官办刻书机构中，有的则转至坊刻、家刻和寺院刻之中,将他们掌握的技艺在扬州传承、发展,形成了人们通常所说的雕版印刷中独具特色的"杭集扬帮"。

嘉庆五年(1800年),两淮盐运使曾燠奉旨成立扬州书局,刊刻董浩、阮元编纂的1000卷《全唐文》。同治八年(1869年),两淮盐运使方浚颐创办淮南书局,刊刻了汪中的《述学》和《广陵通典》、刘宝楠的《宝应图经》、刘文淇的《扬州水道记》、阮元的《经籍籑诂》、王念孙的《广雅疏证》、李斗的《扬州画舫录》等六十种,还刊刻了部分盐务书籍,修复了一些官书残本。光绪年间,江宁、苏州、扬州、杭州、武昌五家官营书局合刊了《二十四史》,通称五局合刻本。光绪二十九年(1903年),扬州淮南书局并归金陵书局。

扬州的刻书,家刻本占了大多数,令人赞美的精品也最多。经济富庶,文人大家辈出,是扬州家刻图书快速发展的主要原因。扬州家刻图书主要有三类:一是扬州盐商刻本。扬州盐商中有一部分为商人兼文人,他们自己就是收藏家,为益人济世,不惜重金收藏图书,招收名士,精心刻书,以雍正、乾隆间马曰琯、马曰璐兄弟最为有名,他们的刻本时称"马版"。二是"集著作家、藏书家、校勘家"于一身的刻书家刻本,以两淮盐政延请为仪征乐仪书院掌教的秦恩复为最。他家收藏极富,鉴别精确,勘定古书,雕刻精美,世称"秦版"。三是写刻本。清代,扬州地区的文化艺术空前繁荣,出现了一批"书画皆佳"的文人,他们亲自写样上板精刻,将书法运用到雕版印刷中,因而备受世人珍爱。康熙间,石涛刻印所著的《画谱》,就亲自手书上板付刻。这些由书画名家写样的精刻本,被收藏家奉为上品。

坊刻以营利为主要目的,由坊主聘请相对稳定的雕版印刷艺人,集中于书坊内刻印图书,逐步形成某个书坊独特的刻印风格或在某个地区形成坊刻的流派。民国中期,扬州的陈恒和父子创办了"陈恒和书林",从事刻版修版校印古籍,他们悉心搜集乡邦文献遗稿,辑刊《扬州丛刻》,尤为世人称道,被誉为扬州坊刻后起之秀。

到了清末民初,寺院所刻经书也很有影响。最为著名的有位于宛虹桥的藏经院和众香庵、今江都砖桥的法藏寺"江北刻经处"。

清末以后,随时代变迁,雕版印刷逐渐衰败,杭集扬帮成为扬州雕版印刷技艺传承的主力军。清代以来这一带雕版艺人众多，杭集扬帮写工、刻工、印工、装订工齐全，世代相承，在雕版印刷技艺日趋式微时，他们成为该传统技艺具有突出代表性而为数不多的现存者，在传承与保护中具有不可替代的作用，是维系该项绝技保持活态而不致湮灭的关键所在。杭集扬帮是一支拥有雕版印刷高精技艺的骨干力量，在他们走南闯北承接刻书业务的同时，将技艺也传播至各方。近代扬州刊刻印行的大部分雕版印刷作品，凝聚了杭集扬帮传人的心血和才华。

二、漆　器

嘉庆《重修扬州府志》记载："康熙初，维扬有士人查二瞻，工平远山水及米家画，人得寸纸尺缣以为重。又有江秋水（即江千里），以螺钿器皿最为精工巧细，席间无不用之。时有一联云：'杯盘处处江秋水，卷轴家家查二瞻。'"

图 5-5　漆雕大师赵如柏

江秋水是制作漆器的工艺大师。从明代开始，伴随着园林的建造，漆器制品也成为厅堂家具、室内陈设的重要器物。乾隆时，扬州漆器的生产发展迅速，达到鼎盛。其时漆器的品种丰富，有剔红（雕漆）、平磨螺钿镶嵌、软螺钿镶嵌、百宝镶嵌（周制）等著名品种，技艺精湛，色彩绚丽典雅，造型古朴庄重。扬州的漆器又将欣赏性和实用性紧密结合,具有鲜明的地方风格,成为全国漆器生产制作中心之一。民间作坊林立,官府设有专门漆作,大量承制宫廷各种器皿、家具和建筑装修工程,出现了江千里、王国琛、卢映之、夏漆工等著名漆器匠师。

江千里所创的软螺钿又称薄螺钿,现在称作点螺("点"是指技法,"螺"是指材料)。因其磨制的螺钿片薄如蝉翼,切割成的点、丝、片,细如秋毫,需用特制工具点嵌于漆坯上而名。点螺漆器纹样精细灵巧,色彩天然,随光变幻,远看似浮雕,近看平如镜,光可鉴人,是漆器中最名贵的产品。雕漆(是在髹涂数十层到几百层的漆面上雕刻各种图案和锦纹)著名工艺匠师有卢映之、卢葵生、夏漆工,以卢葵生家所制为最精。有诗云:"不羡前朝果园厂,扬州刻手说卢家。"清诗人袁枚曾为卢映之所制都盛盘(盛放多种文具的盘)作铭:"卢叟制器负盛名,其漆欲测胶欲坚,朱色而昔粹而精……饰雕所到罔勿精,曹王髹器五舭平。"并用"阴花细缬珊瑚明,赖霞隐隐东方生"形容漆色的鲜明。夏漆工以仿古剔红为主。两淮盐政漆作的雕漆,制作工细,藏锋清楚,隐起圆滑,雕磨并重,色彩多朱红。剔红雕漆家具圆滑光润,亦善用掐丝珐琅、百宝镶嵌作装饰。清官的许多宝床、宝座、屏风、几案等,均为扬州所产。两淮盐政还为圆明园定制室内的雕漆桶扇装修,工艺之高超,由此可见。

"周制"也就是今人所说的"百宝镶嵌"工艺,是指扬州漆器艺人周柱创造的一种漆器制作工艺。周柱,一名周翥,又名周冶。原籍苏州,寓居扬州从事漆器制作。《吴县志》、王士祯的《香祖笔记》都有记载,周冶为吴人。钱泳在《履园丛话》中说:"周制之法,唯扬州有之。明末有周姓者始创此法,故名'周制'。其法以金银、宝石、真珠、珊瑚、碧玉、翡翠、水晶、玛瑙、玳瑁、车渠、青金、绿松、螺钿、象牙、蜜蜡、沉香,雕成山水人物,树木楼台,花卉翎毛,嵌檀梨漆器之上。大而屏风桌几、窗隔书架,小则笔床茶具、砚匣书箱。五色陆离,难以形容,真古来未有之奇玩也。"

乾隆时期,卢映之、王国琛等又把雕漆和百宝镶嵌两大工艺结合起来,创造了"雕漆嵌玉"。雕漆嵌玉品种以屏风为主,有地屏、挂屏、台屏、荷花缸、花瓶、杂件等。各种屏风均以红木框架相衬配,雍容华贵,具有很高的艺术欣赏价值。这一全国惟扬州所独有的名贵工艺品种，使扬州镶嵌漆器形成了更为浓郁的地方特色。

这种镶嵌艺术深为皇家所喜爱，定为贡品。《履园丛话》记载："嘉庆十九年(1814)圆明园新构竹园一所，上夏日纳凉处。其年八月，有旨命两淮盐政承办紫檀装修大小二百余件，其花样曰榴开百子，曰万代同春，曰芝仙祝寿。廿二年(1817)十二月，圆明园接秀山房落成，又有旨命两淮盐政承办紫檀窗棂二百余扇，鸠工一千余人，其窗皆高九尺二寸。又多宝架三座，高一丈二尺，地罩三座，高一丈二尺，俱用周制。其花样又有曰万寿长春，曰九秋同庆，曰福增贵子，曰献寿兰孙，诸名色皆上所亲颁。"

漆器品种除雕漆、软螺钿、雕漆嵌玉、百宝镶嵌、螺钿镶嵌等外，长期失传的漆砂砚又得到了恢复，八宝灰、刻漆、波罗漆、填漆、影漆、擦漆、罩漆、洋漆(描金)、戗金等各种工艺技法百彩纷呈，互相融合，新品种不断涌现。剔红雕漆与百宝镶嵌相结合，形成了独具扬州地方风格的雕漆嵌玉(又称老山嵌玉)；骨石镶嵌在百宝镶嵌的基础上脱颖而出，成为独立新品种。漆器装饰纹样大量摹刻"扬州八怪"等名人书画，更提高了扬州漆器的艺术欣赏价值。

三、玉　器

扬州是我国制造和使用玉器最早的地区之一。在距今 7000 年的高邮龙虬庄新石器时期人类遗址中就曾出土管、环、璜、坠、玦、指环等玉制品。此后经秦汉、唐宋、元明，到了清代乾隆时期，大小作坊有数十家，生产的玉器品种已很完备，艺术水平空前提高。在品种上，用于观赏的有山子、人物、炉瓶、花卉、鸟兽、插牌、器皿、佩饰及玉玩杂件等。在技术上重于精琢细镂，集浮雕、圆雕、镂雕、线刻等各种工艺之大成，以规整古朴之中洋溢典雅秀丽的韵味而名重京师。两淮盐政在建隆寺设有玉局，除承制清廷各种大型陈设玉器外，每年还进贡大量精美玉器，尤以承制清廷大型玉器而闻名。

现藏于北京故宫博物院的《关山行旅图》、《云龙玉瓮图》、《丹台春晓图》、《大禹治水图》、《会昌九老图》均为扬州承制。

《关山行旅图》又称《秋山行旅图》,由宫廷画家金廷标设计,原在北京制作,后因迟迟不能完工,而改由扬州制作。

乾隆四十六年(1781年)闰五月,十几位著名的玉雕工匠集中在清代扬州八大名刹之一的建隆寺的玉局里,开工制作《大禹治水图》,直到乾隆五十年(1785年)六月方告完工,前后耗时整整6年,合计用工达15万个。制成后的《大禹治水图》高九尺五寸,重达10700多斤。它不仅是扬州玉器之最,也是中国玉器之最,还是世界玉器之最,被誉为"世界玉器之王"。

四、剪　纸

扬州剪纸是南方剪纸的代表,技艺精细,富有神韵。最早的剪纸是作为花样提供给妇女绣花之用,其中有鞋花、枕花、肚兜花、门帘花等装饰性比较强的实用品。经过历史的演变,剪纸从最早的实用装饰过渡到当今的欣赏艺术。《扬州首批非物质文化遗产概览》介绍说:"扬州剪纸大多以花卉为主,这与自古以来扬州地区多奇花异卉、文人墨客多赋花名篇有着密切关系。"

明清时期,扬州剪纸有了新的发展变化。由于经济繁荣,扬州民众多讲究穿戴,居室之内大至门帘帐沿、被服枕套,小至镜袱香囊、绢帕笔袋,都以绣花为美。至于结婚做寿、年节喜庆,所用绣品花样更多。这些绣品都要用剪纸为底样。由此,扬州剪纸便与扬州刺绣结合,形成一种风格独特的与民众的生活紧密相连的剪纸艺术,这就是著名的"扬州花样"。专门为绣娘剪图案的剪纸艺人,扬州人也就称为"剪花样的"。

嘉、道年间,包钧就以一剪之巧而声名远扬。在包钧的剪下,花、鸟、鱼、蝶无不神形兼备,引人入胜,因有"神剪"之誉。清代陈云伯《画林新咏》说:"剪画,南宋时有人能于袖中剪字,与古人名迹无异。近年扬州包钧最工此,尤之山水、人物、花鸟、草虫,无不入妙。"并有诗曰:"剪画聪明胜剪书,飞翔花鸟泳濑鱼。任他二月春风好,剪出垂杨恐不如。"

民国期间虽遭战乱,但扬州剪纸仍经久不衰。尤其是张金盛(艺名"老张三麻子")和张永寿(艺名"小张三麻子")父子俩的出现,把扬州剪纸艺术推向了巅峰,技艺超越前人,名闻中外。新中国成立后,张永寿出版了《百花齐放》剪纸集,郭沫若同志为之题读诗:"扬州艺人张永寿,剪出百花齐放来。请看剪下出春秋,顿使东风遍九垓。"

此外,木雕、砖刻、石雕也值得一提。

扬州木刻早在汉代已见其端。此后各自发展成为独立的工艺,其中有木板雕刻,内里既包括雕版印刷,又包括木刻版画。不过这里所说的是立体木雕,是指在瘦西湖景观厅、堂、馆、榭中陈设的紫檀、红木多宝槅、桌椅家具;挂屏、插屏、文房用具等各种木刻小件以及窗棂隔扇、屏风上的图案和装饰。这些作品刀法洗练、刻纹精细、造型生动,代表了清代扬州木刻的极高水平。

图 5-6　小金山

在瘦西湖景观的门楼、山墙、檐脊等建筑上,时时会见到以人物、山水、花卉、虫鸟之类为内容的砖刻,展示着它们独特的个性与艺术张力。它既有别于北京砖雕的华丽繁复,也不同于广州砖雕的镂雕细密和苏州砖雕的柔婉细腻,显得精巧而不纤弱,浑厚与洗练、柔婉与健劲兼而有之。大至丈余的白塔台基座,小至小不盈尺的挂牙、雀替,无不与建筑浑然一体,显得雍容大度,起到画龙点睛、引人入胜的作用。工艺多以高浮雕为主,参以缕雕和线刻,且以高浮雕见长，雕刻简洁工整，质朴刚健，线条流畅，造型生动。精致者中心镂空，富于立体感。

在瘦西湖景观，桥亭的扶手、水榭的栏杆和栏板上都有若干石刻，或是莲花，或是石狮。天宁寺、大明寺、观音禅寺、徐园门口各有一对大石狮，都体现了温驯、玲珑、娇憨的南方特色。

第三节　饮食文化

扬州的饮食文化与湖上园林有着十分密切的关系。

不同形式的出游，形成了不同的饮食方式。不同人群的出游，又有不同的饮食习惯。清代以来，扬州的小秦淮到虹桥一带，出现了众多的适应不同层次、不同需求的酒楼茶肆："箫鼓画船"中的富商出游通常是自备酒食，他们的饮食原本就十分讲究，聚在一起，"竞尚奢丽"，使得饮食更加精致；官员和文人雅士的湖上诗文酒会，"每会酒宴俱极珍美"，也使这样的游宴有了诗情画意；供奉的帝王游览的御膳，集精致珍美、诗情画意于一体，更是别具一格。

一、湖上游宴　极尽享乐

在水上观赏两岸依水的花柳、一路到山的楼台，有"人在画中走"的感觉，因而扬州人出游多喜好坐船，有来客，更是"拚头结伴上湖船"。于是，湖上就出现了以退役运盐船改造而成的游船——画舫，呈现出"处处住兰桡"的湖上风景。

扬州盐商最讲究饮食，饮食消费占有很大的比重。他们食必膏粱，富拟王侯，甚或王侯也有所不及。清初，吴嘉纪有一首《河下》诗，诗云："寒城天欲暮，方是主翁晨。主翁酒醒起，众好随一身。巷西车马来，杯盘旋为阵。岂能即遍及，只嫌味不珍。"河下，那是盐商集居的地方。《扬州画舫录·城北录》也记载，有的盐商"婚嫁丧葬，堂室饮食，衣服舆马，动辄费数十万。有某姓者，每食，庖人备席十数类，临食时，夫妇并坐堂上，侍者抬席置于前；自茶面荤素等色，凡不食者摇其颐，侍者审色则更易其他类"。光绪《江都县续志·卷十五》也记载说："商人多治园林、饬厨传、教歌舞以自侈。"易宗夔《新世说》讲他们竟尚奢靡，"凡宫室饮食衣服舆马之所费，辄数十万金"。

精于烹调扬州菜的，自然是盐商的家厨了。《扬州画舫录·虹桥录下》对此有所描述：城内富贵人家的生活习惯是"好昼眠"，每每"出游，多于申后酉初"登船，深夜方归，"灯船夜归，香舆候久，弃舟登岸，火色行声，天宁寺前，拱宸门外，高卷珠帘，暗飘安息"。"灯船夜归"，那自然是要在湖上用膳的。那场面是"贵游家以大船载酒"，"穹篷六柱，旁翼阑楹，如亭榭然"，好像把家中的亭榭搬到了船上。这样的大船"数艘并集，衔尾以进，至虹桥外，乃可方舟。盛至三舟并行，宾客喧阗，每遥望之，如驾山倒海来也"。

为了适应湖上宴饮的需要，湖上还有一种被称为"沙飞"的船。据《桐桥倚棹录》，沙飞船"船制甚宽，重檐走轳，行动挨舵撑篙，即划开之荡湖船，以扬郡沙氏变造，故又名沙飞船"。船上可以放两三张桌子，船舱用蠡壳嵌玻璃做窗户，桌椅造型雅致，舱内摆放着香炉、插花，陈设极尽优雅。可见，沙飞船实际上是瘦西湖上的流动厨房和餐厅。《扬州画舫录·虹桥录下》记载说：因为"画舫无灶，惟'沙飞'有之，故多以沙飞代酒船。朱竹垞《虹桥诗》云'行到虹桥转深曲，绿杨如荠酒船来'是也"。沙飞船上还有厨房，它是流动的厨房、宴饮之所。"于是画舫在前，酒船在后，橹篙相应，放乎中流，传餐有声，炊烟渐上，幂历柳下，飘摇花间，左之右之，且前且却，谓之行庖。"

《扬州画舫录·虹桥录下》还说，城中大户人家的"善烹饪者，为家庖；有以烹饪为佣赁者，为外庖。其自称曰厨子，称诸同辈曰厨行。游人赁以野食，乃上沙飞船"。他们将一切用品"置于竹筐……令拙工肩之，谓之厨担。厨子随其后，各带所用之物，裹之以布，谓之刀包。拙工司炬，窥伺厨子颜色，以为炎火温蒸之候"。这些厨师的"烹饪之技，家庖为最。如吴一山炒豆腐，田雁门走炸鸡，江郑堂十样猪头，汪南溪拌鲟鳇，施胖子梨丝炒肉，张四回子全羊，汪银山没骨鱼，江文密蛼螯饼，管大骨董汤、紫鱼糊涂，孔讱庵螃蟹面，文思和尚豆腐，小山和尚马鞍桥——风味皆臻绝胜"。

说到"江郑堂十样猪头",朱自清先生在《扬州的夏日》也说道:"法海寺……还有一桩,你们猜不着,是红烧猪头。夏天吃红烧猪头,在理论上也许不甚相宜,可是在实际上,挥汗吃着,倒也不坏的。"

"文思和尚豆腐",也是乾隆南巡时御菜之一,回宫后列为御膳,可见深受乾隆的喜爱。文思和尚是天宁寺下院的名僧,精通文艺,常与诗人们唱和往来,交往的多是当时的文化精英。然而他的文艺之名远不及厨艺之名,他能将一块豆腐切出5000多根丝,可以说是扬州刀工代表作。再用鸡汁配制烹调,可谓精细高雅之极。

除了有"船宴"外,湖上的各家园林,还有宴饮之所。如《扬州画舫录·虹桥录上》所记倚虹园内的"妙远堂,园中待游客地也。湖上每一园必作深堂,饬庖寝以供岁时宴游,如是堂之类"。又如《桥东录》所记江园,"园门与西园门衡宇相望,内开竹径,临水筑曲尺洞房,额曰'银塘春晓'。园丁于此为茶肆,呼曰'江园水亭',其下多白鹅"。

二、诗文酒会　即兴觞咏

扬州盐商中有一类特殊的人群,如马曰琯、马曰璐、江春、江昉、程梦星、程晋芳等,他们是商人,也是饱学之士。他们也是经常宴集,几无虚日。如程梦星,就是集官员、诗人、商人、学者于一身。康熙五十五年(1716年),程梦星以母丧请求告归。回到扬州后,就买地建了篠园,时常邀请学者名流、文人雅士雅聚园中,在翠竹绿荷中,与宾客诗酒唱和,谈文论道。

程梦星的侄子程晋芳,翁方纲《翰林编修程君墓志铭》称其"延接宾客宴集无虚日"。马曰琯、马曰璐兄弟,《清史稿》有传。他们和程梦星都是商人兼诗人,又是同乡,既是篠园的常客,自家的宅园中也是名流满座。如杭州厉樊榭、鄞县全谢山、仁和杭大宗等,名士过扬,他们或款留觞咏,或适馆授餐,岁无虚日,终无倦意。江春尤喜结纳,袁枚《诰封光禄大夫奉宸苑卿布政使江公墓志铭》说他"招集名流,酒赋琴歌,不申旦不止"。每天招待的客人以百计,只好"分亭馆宴客"。江昉是江春的弟弟,许承尧《歙县志》也讲他经常是"集四方名流觞咏"。

　　清代在扬州举行诗酒活动名声最大的要数王士禛。王士禛,字子真,一字贻上,号阮亭,山东新城(今山东垣台)人。湛之《〈香祖笔记〉点校说明》介绍他道:"顺治十二年(1655)成进士,顺治十六年(1659)选授扬州府推官。扬州是东南名胜之地,明末的一些遗民又多集中于此。王士禛在扬州,于公事之余,与诸名士诗酒文宴,来往密切,从此并自号渔洋山人"。与他相交的诸多名士,对他在扬州的游宴活动多有记载。冒辟疆说他:"文章结纳遍天下,客之访平山堂、唐昌观者,日以接踵。渔洋诗酒流连。"徐釚说:"虹桥在平山堂法海寺侧,贻上司理扬州,日与诸名士游宴,于是过广陵者多问虹桥矣。"宋荦则言:"阮亭谒选得扬州推官,游刃行之,与诸士游宴无虚日。"王士禄曰:"贻上负夙慧,神姿清彻,如琼林玉树,朗然照人。为扬州法曹,日集诸名士于蜀冈、虹桥间,击钵赋诗,香清茶熟,绢素横飞,故阳羡陈其年有'两行小吏艳神仙,争羡君侯肠断句'之咏。至今过广陵者,道其遗意,仿佛欧、苏,不徒忆樊川之梦也。"宗元鼎诗云:"休从白傅歌杨柳,莫遣刘郎唱竹枝。五日东风十日雨,江楼齐唱冶春词。"

　　两淮盐运使卢见曾主持的红桥修禊,更是蔚为壮观,郑板桥、金农、袁枚、罗聘、金兆燕、厉鹗等名士均应邀参与。卢见曾,字抱孙,号澹园,又号雅雨山人,山东德州人。卢见曾为人开朗,不拘小节,工诗文,喜宴游,在扬州结交了一批文化学术界名流,并在盐运使衙门内建起"苏亭",经常召集诗人文士,吟诗作画,高谈阔论,一时名声盛于江南。他在扬州文化界人缘极好,声誉颇高,重才礼士,提携后进,资助流落扬州的穷困文人,在扬州历史上留下美名。虽然我们没有发现他们诗文酒会时的菜谱,不过这些文人雅士、学者官员诗文酒会时,吃什么并不重要,重要的是生成了一种文化现象——一种高雅的饮食文化。

三、茶坊酒肆　无不适意

　　《扬州画舫录·虹桥录上》记载:"扬州为南北之冲,四方贤士大夫无不至此。……有游迹数至而无专主之家,以虹桥为文酒聚会之地。"《虹桥录下》又记普通"游人泛湖,以秋衣、蜡屐打包,茶釜、灯遮,点心、酒盏,归之茶担,肩随以出"。从明代中后期开始,从小秦淮起,一直到大虹桥,多有茶坊酒肆。有合欣园、小秦淮茶肆、双虹楼、醉白园、野园、冶春社、七贤居、且停车等。这些茶坊酒肆有的原先是大户人家的花园,有的是占湖山之胜,另筑亭园,让游人在极其优雅的环境中小酌。

《扬州画舫录·草河录上》:"占湖山之胜,双虹楼为最。其点心各据一方之盛。双虹楼烧饼,开风气之先,有糖馅、肉馅、干菜馅、苋菜馅之分。"还说道:"双虹楼,北门桥茶肆也。楼五楹,东壁开牖临河,可以眺远。吾乡茶肆,甲于天下,多有以此为业者。出金建造花园,或鬻故家大宅废园为之。楼台亭舍,花木竹石,杯盘匙箸,无不精美。"《小秦淮录》则重点介绍了沿小秦淮河两岸的坊肆情况:"合欣园本亢家花园旧址,改为茶肆,以酥儿烧饼见称于市。……厅后住房十数间……或近水,或依城,游人无不适意";"小秦淮茶肆在五敌台,入门,阶十余级,螺转而下,小屋三楹,屋旁小阁二楹……前构方亭,亭左河房四间,久称佳构……为清客、评话、戏法、女班及妓馆母家来访者所寓焉。"《新城北录中》:天宁门街街西有一家扑缸春酒肆,店在城内,游人归来,"山色湖光,带于眉宇",他们一面品尝着鲜鱼鲜笋,一面在这里"尽饮纵谈"游湖的雅趣。这里还有一家叫青莲斋的"六安山僧茶叶馆"。这位山僧"有茶田,春夏入山,秋冬居肆。东城游人,皆于此买茶供一日之用。郑板桥书联云:'从来名士能评水,自古高僧爱斗茶'"。

《扬州画舫录》还记载了一些园亭易主而经营的情况。醉白园原来是一个叫韩醉白的人在莲花埂上建了个园子,人称"韩园"。韩醉白是清初与王士禛同时期的扬州文化名人,很好客,许多游人常到他家中饮宴,在这一带很有点名气。孙枝蔚曾与韩醉白在红桥酒家饮酒赋诗:"酒家临水复临桥,画舫中吹紫玉箫。破费杖头拼不管,可怜天气近花朝。卫娘歌处宜年少,潘令花边愧老翁。听罢韩郎新柳咏,英英矫矫酒人中。"后来韩醉白死了,有人借用他的名声在北门街上开了一家醉白园酒肆。醉白园酒肆的后门朝向小迎恩河,而这条河是一条画舫往来的通道,醉白园既做了北门街上行人的生意,也做了画舫上游客的生意。"西园曲水"原先是西园茶肆,张姓盐商和黄姓盐商先后在这块地上造园,后来又卖给了汪姓盐商。汪盐商又整修改建,园中有"濯清堂、觞咏楼、水明楼、新月楼、拂柳亭诸胜"。觞咏楼的后面就是小洪园,小洪园的后门有"且停车"和"七贤居"等茶肆,这些茶肆生意最好的时间是"清明节放纸鸢、端午龙船市、九月重阳九皇会"。水明楼后是西园后门,有"野园"酒肆。康熙年间,林古渡、刘体仁,陈维崧"曾饮于此"。陈维崧还做了一首诗:"迟日和风泛绿苹,飞花落絮罩红巾。此间帘影空于水,何处琴声细若尘? 波上管弦三月饮,坐中裙屐六朝人。独怜长板桥头客,白发推南又暮春。"可见,文人雅士也是这些酒楼茶肆的常客。

酒肆为游人提供了休闲之地,游贾小贩也依此谋生。《扬州画舫录·虹桥录下》说有一个叫王蕙芳的北方人,每天清晨挑着装着各色果品的大柳筐,先到"苏式小饮酒肆"去卖,然后再去其他的酒肆,最后还有剩下来的就拿到瘦西湖的长堤上去卖。王蕙芳日子过得逍遥自在,自称"果子王"。他的儿子叫八哥儿,子承父业卖槟榔,一天下来可以挣几百钱。

朱自清先生在《扬州的夏日》中也说过自己的感受:"北门外一带,叫作下街,'茶馆'最多,往往一面临河。船行过时,茶客与乘客可以随便招呼说话。

图 5-7　朱自清

船上人若高兴时,也可以向茶馆中要一壶茶,或一两种'小笼点心',在河中喝着,吃着,谈着。回来时再将茶壶和所谓小笼,连价款一并交给茶馆中人。撑船的都与茶馆相熟,他们不怕你白吃。扬州的小笼点心实在不错:我离开扬州,也走过七八处大大小小的地方,还没有吃过那样好的点心;这其实是值得惦记的。茶馆的地方大致总好,名字也颇有好的。如香影廊,绿杨村,红叶山庄,都是到现在还记得的。绿杨村的幌子,挂在绿杨树上,随风飘展,使人想起'绿杨城郭是扬州'的名句。里面还有小池,丛竹,茅亭,景物最幽。这一带的茶馆布置都历落有致,迥非上海、北平方方正正的茶楼可比。'下河'总是下午。傍晚回来,在暮霭朦胧中上了岸,将大褂折好搭在腕上,一手微微摇着扇子,这样进了北门或天宁门走回家中。这时候可以念'又得浮生半日闲'那一句诗了。"

四、圣驾御膳　堪称绝品

康乾祖孙皆六次南巡至扬,据王俊义、黄爱平在《康熙和乾隆为何皆江下江南》中考证,康熙南巡"扈从者仅三百余人",一切供应"皆令在京所司储偫"。而乾隆就不一样了,除皇太后、皇后、嫔妃外,另有扈从官兵,上至王公大臣,下至京章侍卫,多达两千五百多人。行进中,陆路用马五六千匹,大车四百余辆,征调夫役不计其数,水路则用船一千多只,首尾衔接,旌旗招展,声势显赫。沿途还兴建行宫三十多处,每处都"陈设古玩并应用什物器皿及花盆景致之类",供停留歇息。

乾隆讲究排场玩乐,地方官吏自然争相逢迎,献媚争宠,唯恐落后。据《南巡事宜》,每到一地,"圣驾入境前一日",地方官员便专程出境迎接,并准备大量美食佳肴,"以便取用",甚至差遣猎户,捕捉麻雀、野兔等禽畜,以供乾隆随身所带鹰犬食用。

为迎接和安排这样一支浩浩荡荡,非比一般的队伍,《扬州画舫录·新城北录中》对此作了详细描述:"买卖街上岸建官房十号……以备随从官宿处,名曰十号公馆。……天宁门至北门,沿河北岸建河房,仿京师长连短连、廊下房及前门荷包棚、帽子棚做法,谓之买卖街。"餐饮的标准是:"上买卖街前后寺观皆为大厨房,以备六司百官食次。第一分头号五簋碗十件:燕窝鸡丝汤、海参汇猪筋、鲜蛏萝卜丝羹、海带猪肚丝羹、鲍鱼汇珍珠菜、淡菜虾子汤、鱼翅螃蟹羹、蘑菇煨鸡、辘轳锤、鱼肚煨火腿、鲨鱼皮鸡汁羹、血粉汤、一品级汤饭碗;第二分二号五簋碗十件:鲫鱼舌汇熊掌、米糟猩唇猪脑、假豹胎、蒸驼峰、梨片伴蒸果子狸、蒸鹿尾、野鸡片汤、风猪片子、风羊片子、兔脯、奶房签、一品级汤饭碗;第三分细白羹碗十件:猪肚假江瑶鸭舌羹、鸡笋粥、猪脑羹、芙蓉蛋、鹅肫掌羹、糟蒸鲥鱼、假班鱼肝、西施乳、文思豆腐羹、甲鱼肉片子汤、玺儿羹、一品级汤饭碗;第四分毛血盘二十件:获炙哈尔巴小猪子、油炸猪羊肉、挂炉走油鸡鹅鸭、鸽臛、猪杂什、羊杂什、燎毛猪羊肉、白煮猪羊肉、白蒸小猪子小羊子鸡鸭鹅、白面饽饽卷子、什锦火烧、梅花包子;第五分洋碟二十件,热吃劝酒二十味,小菜碟二十件,枯果十彻桌,鲜果十彻桌,所谓'满汉席'也。后门外围牛马圈,设氅帐,以应八旗随从官、禁卫、一门祗应人等,另置庖室食次。第一等奶子茶、水母脍、鱼生面、红白猪肉、火烧小猪子、火烧鹅、硬面饽饽;第二等杏酪羹、炙肚胘、炒鸡、炸炊饼、红白猪肉、火烧羊肉;第三等牛乳饼羹、红白猪羊肉、火烧牛肉、绣花火烧;第四等血子羹、火烧牛羊肉、猪羊杂什、大烧饼;第五等奶子饼酒、醋燎毛大猪大羊、肉片子、肉饼儿。"

皇上的南巡虽由官府负责安排,但盐商始终扮演着重要的角色。《清稗类钞》记载,乾隆南巡时,"各处绅商争炫奇巧,而两淮盐商为尤甚,凡有一技一艺之长者,莫不重值延致"。有这样的隆重接待,乾隆经常对身边人说:"扬州之乐可复得乎?"足见,乾隆对扬州的接驾不仅满意,还十分的留恋,所以《南巡秘记》特地记载:"高宗三次巡幸,扬州之供皆以缛丽受赏。"

盐商们"重值延致"的"一技一艺之长者",不光有造园的能工巧匠,自然还包括制作美味的厨师。

乾隆在扬州游览了盐商出资建造的卷石洞天、西园曲水、虹桥揽胜等景点,还到了其他一些私家花园。据《扬州饮食史话》介绍,乾隆四十五年(1780年),高宗第五次下江南,在扬州期间曾在净香园用膳。皇上临幸家园已是十分的荣耀,若能在家中用膳,那更是无上的荣耀。

净香园的主人是江春。《歙县志》卷九记载:"江春,字颖长,一字鹤亭,江村人。……经商扬州。练达明敏。熟悉盐法,司鹾政者咸引重,推为总商。……高宗六巡江南,春扫除宿戒,懋著劳绩……为盐商之冠,时谓'以布衣交天子'。"江春办事老成,事先就打听到乾隆饮食上的喜好,接驾乾隆的盛宴,由他的"家庖"们按照江春的要求烹制。高宗第四次南巡,也就是赐名"净香园"的那次,江春献给乾隆的菜中有"绩溪一品锅、金镶白玉版、红嘴绿鹦哥、腊香问政笋、馄饨鸭、青菜鸡丝豆腐汤、徽州腐衣圆子汤"等,茶品有"徽州锡格子茶"、"黄山毛峰",茶点是"顶市酥"、"寸金糖"、"茯苓饼"、"交切片"等以及"徽五香茶叶蛋"。

"绩溪一品锅"原本是绩溪城乡节庆时,家宴中的传统菜"绩溪土火锅",逢年过节或是贵客临门时才上桌。一只口径约二尺的大铁锅,最底层用香菇、冬笋、萝卜、青菜垫底,然后依次一层一层地铺上猪肉片、油豆腐、鸭肉、杨梅圆子、鸡块、干豆角、麂肉、干蕨菜、兔肉等,最上边是鸡蛋饺,层层叠加,"一层素来一层荤,素在下边荤在上",上桌时里面还在滚沸,热气腾腾。乾隆品尝了"绩溪土火锅"之后,连连叹绝:"美味佳肴,堪称一品!""如此佳肴,只有官至一品者方配享用"。

"金镶白玉版"原本是徽州农家的油炸豆腐。豆腐油炸后,外黄似金,内白似玉,外脆内嫩,再与木耳等山珍同烹而成。"红嘴绿鹦哥"就是整根菠菜下锅急火爆炒,菜头鲜红,菜叶碧绿鲜嫩。之所以为皇上奉献这两道农家菜,是因为江春在接驾中发现,每次上豆腐制作的御膳,乾隆都极为喜爱,几乎达到"大快朵颐"的地步。江春便在此来了个文化包装,起了一个颇具诗意的菜名——"金镶白玉版"、"红嘴绿鹦哥"。乾隆不但当场认可了菜名,还连声称"妙"叹"绝"。汤殿三《国朝遗事纪闻》中说,乾隆在南巡至扬州时,御膳房以油煎豆腐菠菜进呈,乾隆食后非常赞美,问此菜何名,近侍答称"金镶白玉版,红嘴绿鹦哥"。乾隆又问值几何?近侍答:不过数十文钱耳。乾隆听后,认为此菜"费省而可口,无逾此者"。返京城后,乾隆又索之,但此菜在内务府账簿上增至数千文。乾隆问何故?近侍"诡对曰:此江南风味也,北地致之颇不易,故贵耳"。上叹曰:"诚如此,吾每饭不忘扬州矣。"

　　有趣的是"腊香问政笋",这是一道带有趣闻色彩的徽州名菜。相传,竹笋要在黎明时分取于歙县问政山,洗净过刀之后便与徽州腊肉一起置于砂锅中,连同火炉一并放置在前往扬州的木船上,一路上文火慢炖。借着晨曦,木船沿新安江,入富春江,再进大运河,抵达扬州后立刻上岸,连同火炉传送入席。船到、菜熟,此时的"腊香问政笋"恰到火候,芬芳四溢,鲜美无比。

　　"满汉全席"中有一道菜叫"梨片伴蒸果子狸",江春献给乾隆的菜中也有一道叫"雪天果子狸",另有一道菜叫"沙地马蹄鳖"。"马蹄鳖"和"果子狸"是徽州的珍禽野味。这两道菜的菜名——"沙地马蹄鳖,雪天果子狸",后来成为一副楹联。这两道菜多少带有传说的成分,虽说有些夸张,却是道出了淮扬菜食材新鲜,讲究火工的制作特色。

第六章 瘦西湖文化与当今经济社会

　　扬州人的心目中,瘦西湖是扬州的"第一名片"。改革开放以来,历届市委、市政府均十分重视瘦西湖景区历史文脉和传统文化的保护、发掘、传承。1988年,在尊重历史的基础上,扬州恢复了二十四桥等景点。2000年,斥资1.9亿元实施了瘦西湖活水工程。2004年至2006年,市委、市政府先后成立了瘦西湖景区指挥部和管委会,从拓展核心景区入手,搬迁城中村,重建了"万花园"、"宋夹城","四桥烟雨"、"石壁流淙"等景观。2012年,市委、市政府制定了把扬州建设成为"世界名城"的城市发展战略,要求瘦西湖景区要打造成"世界级公园",让扬州成为中外旅游者的目的地。2013年,市委、市政府按照"世界级公园"的标准,重点推进了12.23平方公里风景名胜区总体规划的修编和30平方公里新景区的总体规划,由此,景区定性为"以古城文化为基础,以历代古城遗址和瘦西湖湖上园林为特色,具有风景游赏、旅游休闲、生态体验等功能的城市风景类国家级风景名胜区"。瘦西湖景区在扬州经济社会发展中发挥着越来越重要的作用。

第一节　对城市发展的影响

瘦西湖是扬州城的灵魂。蜀冈—瘦西湖景区的建设自成一体,却又和扬州城市建设相融相合,相辅相成。扬州的地域文化对蜀冈—瘦西湖风景区的总体规划、内容、风格起着决定作用。同样,瘦西湖风景区是扬州本土文化的承载体,是扬州城市不可或缺的一部分。

一、以无视觉污点为标准

蜀冈—瘦西湖风景名胜区是国家重点风景名胜区,地域辽阔,东至瘦西湖路、史可法路一线;南至盐阜西路以南 20 米、绿杨城郭遗址、四望亭路一线;西至念泗路、扬子江北路一线;北至宁启铁路线。从"四至"看,瘦西湖与扬州古城紧密相依,瘦西湖以源远流长的古城为依托,古城以风姿独具的瘦西湖为特色,二者交相辉映,相得益彰。

与之相应的,是景区与城市在建设规划上的和谐共生。中国的许多城市,都有各式各样的风景区,但是像扬州瘦西湖这样的绝无仅有。在瘦西湖放眼远眺,蓝天白云下,只有水墨画般的绿树与亭台,没有任何阻碍视线的高楼大厦、铁塔烟囱,甚至连现代建筑的屋顶都难以发现。城市建设以名胜景区视觉洁净的需求为重心,并以此来规定城区建筑的高度和规模,这在全国极为少见。2008 年,中国工程院院士、建筑规划领域的知名专家张锦秋先生在扬州考察后感慨地说:"行走在一座城市公园,看不到一幢高楼,这在现代城市里简直是个奇迹!"

瘦西湖景区的管理部门在扬州市城市规划部门的配合下,划定了一个面积达 12 平方公里的总控范围。在这个总控范围内,还有一个核心地区,这就是大致有 3 平方公里的景区。景区严格控制建筑高度,确保无任何视觉污染。此范围以外,不论是何种建筑,必须通过"放气球"的测验。所谓"放气

图 6-1 瘦西湖

球",就是一名工作人员用细线牵引着氢气球,在建筑物开建的位置向空中放升,其他工作人员则分散在熙春台、五亭桥、白塔、二十四桥等几处地势较高的景点向这个方向眺望,如果能看到空中的气球,就表明建筑物的高度超出,就要往下降。如此反复调试,直到看不到气球为止,并以此确定建筑物的合理"身高",否则就不能通过规划审批。为保护瘦西湖的景观和视野,"被迫"削减楼层高度的事情时有发生。同济大学教授阮仪三先生称,瘦西湖是"目前国内唯一没有视觉污染的景区"。

二、为城市宜居奠定基础

2004 年,联合国副秘书长、人居署执行主任安娜·卡朱莫洛·蒂贝琼卡女士考察扬州后,认为扬州是一座非常契合联合国人居署评奖标准的城市。由此,扬州获得了联合国颁发的"最佳人居环境奖"。

应该说,蜀冈—瘦西湖风景区为扬州获得"最佳人居环境奖"奠定了基础。主要体现在两方面:一是瘦西湖的亭台、楼阁、湖水、假山、花丛、林海,或者互相掩映,或者巧妙点缀,或者互为依托,形成疏朗深邃的生态佳境。除了建筑景物的静态设置外,乾隆水上游览线的开辟,如一条飘逸的丝带,连缀起一个个景点,使得整个扬州城就像是一座大园林。二是蜀岗瘦西湖风景名胜区按区域分,又可分为瘦西湖风景区、蜀冈风景区、唐子城风景区、宋夹城风景区、绿杨村风景区。这些景区不仅美化了城市居民生活,同时改善了人们的生存环境。一般的城市绿化主要沿路造绿,即沿着主次干道进行绿化。而瘦西湖风景区植物多样,排布有序,让四季分明的扬州时时有绿,又季季有景。蜀岗—瘦西湖风景区的存在,使得扬州城的绿化水准体现了"三高":起点高,水平高,层次高。天然的园林风光和现代都市的完美结合,是扬州城市建设的理想追求。

第二节　对市民生活的影响

蜀岗—瘦西湖风景区和市民生活区融为一体,对扬州市民生活的影响极大。

一、花木配置与绿肺效应

随着现代科技的发展,工业社会使人们受益,同时也破坏了环境。近年来沙漠化加重、森林面积缩小、生态环境恶化,尤其是生活在城市中的人们,空气质量、噪声等污染日益严重,各种生理、心理疾病频发。扬州城之所以为世界上诸多地区、国家的游客追捧,就是因为扬州城虽然是个现代化的城市,却少了许多现代工业病的威胁,蜀冈—瘦西湖风景区起到了重要的作用。

瘦西湖园区内的建筑造型不一,但是多以花木配置,两者互相交融。瘦西湖园林的绿化布置极有特色,善于在不同的方向上种植不同种属的植物,有的喜阳,有的耐阴;有的亲水,有的耐寒。园林中的桂花、山茶、女贞、罗汉、松树、竹子等等,均依照各自的特点栽种,使得瘦西湖一年四季都是郁郁葱葱。扬州城虽然不是自然山水城市,但是蜀岗—瘦西湖风景区的存在,具有特殊的绿肺效应,极大地改善了扬州的城市环境质量,使得扬州就像是一座大氧吧,人们如同生活在自然山水中一般。

二、游乐休闲与生活新常态

瘦西湖景区与市民生活紧密融合。卷石洞天、西园曲水、虹桥坊等景观已经开辟为市民公园,瘦西湖公园也对市民晨练免费开放,到处都是前来健身、休闲的人们。许多中老年人自发地组成各类小群体,有齐声合唱的,有打拳练武的,有棋盘对弈的,其乐融融。瘦西湖风景区中,还有许多专为孩童设置的免费游乐设施,从早到晚总是充满欢声笑语。瘦西湖风景区的工作人员还设法寓教于乐,在瘦西湖的一些特别的植物前,插上花木信息牌,让孩童在玩耍中了解自己的生活环境,扩大知识面。从 2000 年开始,瘦西湖景区还向有特别需求的市民开放,比如,在这里可以举行婚礼庆典,五亭桥畔,新娘和新郎一同登上迎亲船,在众多宾朋和游客的见证下,情牵一世。

图 6-2　丰富多彩的群众文化活动

宋夹城开放式运动场馆坐落在蜀冈—瘦西湖风景区的核心地带，交通便利，有开阔的草坪、宽广的水面，密林环抱，景色宜人，是人们旅游休闲、健身运动的理想场所。2013年初，占地1000余亩、总投资约2.5亿元的宋夹城体育休闲公园正式动工建设。公园设有7片网球场、4片篮球场、2片篮球练习场、2片笼式足球场、2片排球场，另有球类服务中心、乒乓球馆、羽毛球馆、网球馆、篮球馆、环岛步道、自行车道、棋艺长廊、音乐广场、户外健身器材等项目。公园集自然景观、体育健身和生态休闲于一体，突出休闲体育的特色，将运动和休闲元素融于独特的景观环境之中。

图6-3　宋夹城北门

郑板桥是清代著名的诗人、书画家，是"扬州八怪"的代表性人物。新建的板桥道情文化园，占地4500平方米，设置了8组铸铜雕塑，采用情景串联式的景观表现手法，表达了郑板桥《道情十首》的文学意境，创造出一个独特的人文景观。

今天的瘦西湖景区已经成了扬州市民主要的户外休闲游乐场所，园林化的休闲游乐生活成为当代扬州人的一种生活新常态。

第三节　对旅游经济的影响

已经成为 5A 级旅游景区的蜀岗—瘦西湖风景区，是成熟的旅游经济品牌，是扬州重要的旅游经济增长点。景区既有深厚长远的文化渊源，又有现代发展理念，正以独有的生态优势推动扬州旅游产业的结构调整和发展提升。

一、生态公园与社会效应

瘦西湖名胜区内的蜀岗西峰，政府投资 1 个多亿，打造成一个占地 1000 余亩的生态公园。公园是开放式的，在著名历史景点八卦亭、玉钩亭的基础上，大规模扩建，种植了 60 余万株观赏性植物。免费开放的蜀冈西峰吸引了大量的本地居民和外地游客。很多游客将自己的游玩经历在微博、微信上发布，吸引了更多的游客结伴而来，无形中带动了餐饮、宾馆、交通等其他行业的发展，使得扬州的旅游业日渐形成一个"花样大蛋糕"。蜀冈—瘦西湖风景区核心区——宋夹城体育休闲公园免费开放，顺民心聚民意，产生了积极的社会效应。

二、多元经营与加长产业链

目前国内很多景区动辄上涨门票价格，期望在短时间内通过门票获取更大的回报。事实表明，这是一种短视的行为。一个地方的旅游业如果仅仅依靠门票经济，这样的旅游经济是不健康的。景区调整门票价格，既要考虑游客的心理和经济承受程度，更要考虑本地区旅游市场宏观的发展。中国社会科学院旅游研究中心刘思敏研究员认为，追求"门票经济"属于旅游市场的低级阶段，要有长远的眼光，要努力做大加长旅游产业链，市场有综合性的竞争

力,才有诱惑力。瘦西湖门票价格的制定,在让游客觉得价有所值的同时,风
景区内的餐饮、游船等多元化经营方式也开始兴盛。多种经营、多业并举,做
大、加长旅游产业链,使得游客乐意在扬州吃、住、行、游、购,其乐融融,乐在
其中。客观上经济效益也水涨船高,每年随着游客量的激增而有较大增长。

图 6-4　世界盆景大会

三、品牌优势与招商效益

蜀冈—瘦西湖风景区有得天独厚的地域优势和品牌优势,再加上优厚的招
商政策,吸引了国内外众多的投资者。风景区的建设带动了周边地价和房价的
增长,原来的地价几十万元一亩,现在已达到几百万元一亩,效益十分明显。

景区招商项目涉及的领域十分广泛。如虹桥坊项目,该项目位于国家
5A 级风景名胜区内、大虹桥的东北侧,如今这里是扬州最繁华、最休闲、最时
尚的夜生活目的地。再如,唐城遗址综合保护和利用,该项目位于蜀冈—瘦
西湖国家 5A 级风景名胜区唐子城风景区内,占地约 5.2 平方公里,其中已有
和规划的景点有:盛唐古街(唐十字街)、唐风文化村、遗址博物馆、西华门(瓮
城)、隋宫遗址碑亭、商胡驿楼、成象苑、崔志远纪念馆、铁佛寺、品翠茶庄、茶

果花园、堡城花园等。该项目以隋唐遗风为底蕴，以扬州风情为主题，潜在的经济效益十分丰厚，吸引了众多的投资者。

第四节　对文化建设的影响

瘦西湖景区在不断挖掘休闲娱乐功能的同时，更加注重彰显文化元素，使之成为展示当代扬州文化的重要窗口。这主要体现在两个方面：一是保护遗产、彰显底蕴，二是整合资源、展示新貌。

一、保护遗产　彰显底蕴

扬州城历史悠久，至今已有 2500 年，扬州城内有 13 平方公里的唐宋城遗址和 5 平方公里的明清古城，历代遗迹，数量可观，具有很大的历史价值、文化价值和旅游价值。扬州有一整套老城保护和建设规划体系，按照"护其貌、美其颜、扬其韵、铸其魂"的思路，制定了"不大拆大建、不破坏街巷体系、不破坏居民生态、不破坏历史文脉、不破坏建筑风貌"的工作原则，有序地对东关街、东圈门片区的明清建筑群进行了修缮，总面积达 83 公顷，其中包括市级以上文保单位 18 个，重要历史遗迹 20 多处。一度落后的市政基础设施建设得到了改观。近年来，扬州还编制了老城区 12 个街坊的控制性详图，出台了《历史文化街区保护整治实施办法》，先后发掘出西门、东门、北门和南门等唐城、宋城、明清古城遗址，对老城区与古城风貌不协调的沿街建筑进行整治，保持街巷的原名、走向与格局，维护原有尺度和空间布局，体现古城富有传统特色的"鱼骨状"街巷体系。

现有的遗址遗迹中，保存完好的有唐子城遗址（包括城墙、城门、城河、角楼、十字街等）、唐罗城的南门遗址、水涵洞遗址、宋夹城遗址等。以唐子城遗址为例，可确定是春秋邗城、汉广陵城、六朝广陵城、隋江都宫城、唐子城、宋堡城的有序沿革。唐子城南门遗址位于蜀冈南缘，是唐子城的正门，根据文

图 6-5 早晨

献记载分析,隋代的江都门和行台门、唐代的中书门、五代杨吴的天兴门,可能都在此。据考古专家介绍,唐子城保存状态较好,基本未被开发。通过考古,可进一步确定准确位置,更深入地了解城池变迁史,为今后绘制更精确的扬州城历史图纸,提供珍贵的考古实证资料。

扬州"二十四桥"是较为成功的遗迹保护范例。关于"二十四桥",历史上有两种说法,一种认为是桥名,如李斗《扬州画舫录》云:"二十四桥即吴家砖桥,一名红药桥,在熙春台后。"一种认为确实有二十四座桥存在,如沈括《梦溪笔谈·补笔谈》里面谈到,唐时扬州城内水道纵横,有茶园桥、大明桥、九曲桥、下马桥、作坊桥、洗马桥、南桥、阿师桥、周家桥、小市桥、广济桥、新桥、开明桥、顾家桥、通泗桥、太平桥、利园桥、万岁桥、青园桥、参佐桥、山光桥等24座桥,后水道逐渐淤没。宋元祐时仅存小市、广济、开明、通泗、太平、万岁诸桥。现今仅有开明桥、通泗桥的地名,桥已不存。专家们通过翻阅文献、实地走访和考古发掘后发现,二十四桥的桥址均在,如顾家桥、通泗桥、小市桥、开明桥、大明桥等。2002年3月,又发现了下马桥、洗马桥等遗址。这为扬州规划古桥系列景观提供了现实基础。二十四桥原来的桥址,大部分为扬州城区所覆盖,专家们提出有选择性地部分恢复二十四桥景观的方案。比如,如果古桥原址现在已不需要桥梁作为交通,则在此处树立统一制作的二十四桥原址石碑;如果原址现在仍然需要桥梁作为交通,则可以因地制宜,建造仿古风格的桥梁,恢复古桥的景观。扬州二十四桥的遗址保护,将进一步形象化地展示扬州悠久的历史文化。

二、整合资源　展示新貌

瘦西湖风景区的旅游开发建设,非常注重宏观和整体上的统筹规划。蜀冈—瘦西湖风景区是古典的园林群落,有些传统的设置与现代城市的发展并不完全契合,需要在保留传统特色的基础上,创造性地注入现代元素。这是蜀冈—瘦西湖风景区与时俱进的工作思路。

图 6-6　群众自娱自乐

　　强调传统文化内涵，设置具有参与性的项目和场所，是与时俱进的工作思路之一。近几年，每年的端午节和中秋节，瘦西湖景区都要举办"竹西雅集"。"竹西雅集"是扬州古典诗词爱好者的定期聚会，每一次聚会除诗词作者外，还吸引了众多游客前来参与，规模多达数百人。如 2014 年中秋的夜晚，瘦西湖"竹西雅集"的主题是"最美瘦西湖"，诗人组成 7 个代表队，采用当年欧阳修在平山堂上击鼓传花的形式，现场作诗，诗成后即席吟诵。吟诵时有古琴、古筝、埙、陶笛等传统乐器伴奏，并穿插昆曲、清曲、扬剧、道情以及杖头木偶的表演。随后，全体人员参加"拜月"仪式，将雅集活动推向高潮。扬州历史上有"红桥修禊"盛举，在今天也得到了继承和发扬。瘦西湖已经连续两年举办"虹桥修禊国际诗会"，邀请当今世界各国著名诗人与我国诗坛大家共襄盛会，让瘦西湖沉浸在诗意的海洋中。

　　在强化瘦西湖自身文化特征的同时，设计受游客欢迎的旅游路线、完善旅游环境，是与时俱进的又一思路。为了适应旅游业的高速发展，瘦西湖通过建设新的旅游项目、完善配套设施等举措，大力展示扬州传统文化中的花文化、水文化和船文化。"万花园"的开发，是其中成功的一则范例。"万花园"在宋代扬州曾经有过，后埋没不存。现在的万花园与瘦西湖、小运河相邻，总面积达 500 余亩。园内以花文化为主题，多方位地展示花的品种、花的故事和花的民俗。游客在享受美景的同时，更加深刻地体会到了扬州古代文化与现代文明的交相辉映。

后记

为深入贯彻落实党的十八大和十八届三中、四中、五中全会精神,习近平总书记系列重要讲话精神,特别是视察江苏重要讲话精神,推动江苏文化建设迈上新台阶,由省社科联牵头,各省辖市社科联组织联系相关专家学者,历时近两年,编撰《江苏地方文化名片丛书》。丛书以省辖市为单位,共分 13卷,每卷重点推出该市一张具有代表性的文化名片,全面阐述其历史起源、发展沿革、主要内容和当代价值等,对于传承江苏地方文化精粹,打造江苏地方文化品牌,塑造江苏地方文化形象,具有积极的推动作用。

省委常委、宣传部部长王燕文高度重视丛书的编撰工作,担任丛书编委会主任,给予关心指导,并专门作序。省委宣传部副部长双传学,省社科联党组书记、常务副主席刘德海,党组副书记、副主席汪兴国,党组成员、副主席徐之顺担任编委会副主任。各市市委常委、宣传部部长和省委宣传部理论处处长李扬担任编委会委员。刘德海担任丛书主编,全面负责丛书编撰统筹工作,汪兴国、徐之顺担任丛书副主编,分别审阅部分书稿。省社科联研究室原主任崔建军担任丛书执行主编,具体负责框架提纲拟定和统稿工作。陈书录、安宇、王健、徐宗文、徐毅、朱存明、章俊弟、尹楚兵、纪玲妹、许建中、胡晓明、付涤修、常康参与丛书统稿。省社科联研究室副主任刘西忠,工作人员朱建波、李启旺、孙煜、陈朝斌、刘双双等在丛书编撰中做了大量工作。

《扬州瘦西湖文化》卷由中共扬州市委常委、宣传部部长卢桂平担任主编,赵昌智、徐向明、张福堂担任副主编。扬州市社科联组织专家编撰,赵昌智负责总体策划。具体分工:赵昌智(第一章),朱福□(第二章),曹田(第三章),曹永森(第四章),黄继林(第五章),赵阳(第六章)。郭坚、刘斌、胡晓峰、陆大卫参与审稿,曹永森、张雷、黄建灿、边卫民参与统稿,陈炜、杜平、孔愗、肖建平做了大量工作。李斯尔为本卷提供了图片资料。

省新闻出版广电局、各市委宣传部、市社科联对丛书的编辑出版工作给予了大力支持。值此，谨向各有关部门、专家学者和南京大学出版社表示衷心的感谢！由于时间较紧，编撰工作难免疏漏，恳请批评指正。

2015 年 12 月